SVENJA BIERMANN

Paleo to go

FOR BUSINESS

BOOKS4SUCCESS

Gestaltung Cover: Johanna Wack
Gestaltung, Satz und Herstellung: Martina Köhler
Lektorat: Karla Seedorf
Fotos und Rezepte: Svenja Biermann
Druck: Florjančič Tisk d.o.o., Slowenien

ISBN 978-3-86470-394-2

Bibliografische Information der Deutschen Nationalbibliothek:
Die Deutsche Nationalbibliothek verzeichnet diese Publikation in der Deutschen Nationalbibliografie; detaillierte bibliografische Daten sind im Internet über <http://dnb.d-nb.de> abrufbar.

BÖRSEN MEDIEN
AKTIENGESELLSCHAFT

Postfach 1449 • 95305 Kulmbach
Tel: +49 9221 9051-0 • Fax: +49 9221 9051-4444
E-Mail: buecher@boersenmedien.de
www.books4success.de
www.facebook.com/books4success

INHALT

Vorwort 7

Was ist Paleo? 11

Der Lebensstil der steinzeitlichen Jäger und Sammler 11

Der Lebensstil der heutigen Städter und Büromenschen 12

Der urbane Jäger und Sammler 13

Paleo-Lebensmittelliste 15

Paleokonforme Lebensmittel 15

Nicht paleokonforme Lebensmittel 18

Tipps zur Umsetzung des Paleo-Lifestyles im Berufsalltag 21

REZEPTE

Basics zum Vorbereiten 27

Paleo-Frühstück 49

Paleo-Lunch 70

Paleo-Snacks 119

Detox- und Powerdrinks 143

Paleo online bestellen 158

Vorwort

Den Großteil des Tages verbringen wir am Arbeitsplatz oder sind unterwegs. Sich im Berufsalltag gesund und abwechslungsreich zu ernähren, stellt oft eine Herausforderung dar. Zeitmangel, kurze Mittagspausen und Geschäftsreisen sind nur einige Gründe dafür, warum man oft wieder in das „alte" Essverhalten zurückfällt. Die Verlockungen, „irgendetwas" zu essen, sind groß: Schnell mal ein belegtes Brötchen vom Bäcker, mit den Kollegen in der Mittagspause in die Kantine oder ins nächstgelegene Restaurant, und dann vielleicht noch etwas Süßes am Nachmittag, um das Suppenkoma nach dem Mittagessen zu überwinden – und schon sind sie wieder vergessen, all die guten Vorsätze.
Vorzukochen halten wir für zu zeitaufwendig und kompliziert. Man greift lieber auf zeitsparende Varianten zurück, auf die Currywurst vom Imbiss oder den Pizzalieferservice.

Dabei ist es wirklich einfach und schmeckt viel besser, wenn man sich an die Vorbereitung seiner Mahlzeiten gewöhnt hat. Selbst gemachtes Essen ist viel leckerer, enthält keine Zusatzstoffe wie Zucker, billiges Füllmaterial oder Geschmacksverstärker. Was bei unseren Großeltern noch Normalität war, wird uns heute von der Industrie abgenommen. Ich selbst war und bin beruflich immer viel auf Geschäftsreisen unterwegs und daher oft auf der Suche nach paleokonformen Snacks und schnellen Rezeptideen für unterwegs. Genau das ist der Grund, warum ich die Idee zu diesem Buch hatte.

Was ist das Besondere daran?
Es beinhaltet einfache und leicht umzusetzende Paleo-Rezepte für Frühstück, Mittagessen und den Snack zwischendurch. Die Gerichte können zu Hause vorbereitet werden, sind im Kühlschrank länger haltbar und ideal zum Mitnehmen. Die Tipps, Tricks und Informationen sollen es erleichtern, den Paleo-Lifestyle im Arbeitsalltag umzusetzen.

Ich bin sicher, dass Ihre Kollegen neidisch auf die Paleo-Gerichte sein werden!

Viel Spaß beim Nachkochen und Snacken

wünscht

Svenja Biermann

WAS IST *Paleo?*

DER LEBENSSTIL DER STEINZEITLICHEN JÄGER UND SAMMLER

Paleo ist ein Ernährungs- und Lebensstil, der sich an dem Verhalten der Jäger und Sammler aus der Steinzeit orientiert. In der Steinzeit kannte man keinen Stress beziehungsweise keine Zivilisationskrankheiten wie Übergewicht, Krebs, Demenz oder Diabetes. Das Geheimnis war die Mischung aus natürlicher Ernährung und täglicher Bewegung in der Natur. Dadurch war auch eine stetige Aufnahme von Sonnenlicht über die Haut garantiert.
Der Tagesablauf eines Jägers und Sammlers bestand darin, morgens auf die Suche nach Nahrung zu gehen und dabei, wenn es sein musste, kilometerlange Strecken zurückzulegen. Unsere Vorfahren jagten im Schnitt zwei Tage lang und regenerierten sich danach etwa genauso lange, um neue Kräfte zu sammeln. Es gab nur das, was in der Natur zu finden war.

Der Hauptbestandteil der Nahrung war Gemüse, Wurzeln, Obst, Nüsse, Samen, Eier, Fleisch und Fisch. Die Ernährung setzte sich zu 40 bis 50 Prozent aus hochwertigen Fetten zusammen, zu 30 Prozent aus hochwertigem Eiweiß und zu 20 bis 30 Prozent aus Kohlenhydraten. Gegessen wurde gemeinsam in der Gruppe und die Nahrungsaufnahme wurde als Ritual gefeiert. Aufgrund des Nahrungsmangels aß man höchstens ein- bis zweimal am Tag zusammen. Somit schütteten unsere Vorfahren dabei nur wenig Insulin aus und hatten einen „normalen Blutzuckerspiegel". Stress tauchte nur in Form von Flucht und Kampf bei existenzieller Bedrohung auf. Geschlafen wurde, wenn die Sonne unterging, und mittags nach dem Verzehr der gesammelten Nahrung beziehungsweise der erlegten Beute. Was uns mit den Jägern und Sammlern aus der Steinzeit heute noch verbindet, sind unsere Gene. Diese ähneln immer noch denen unserer Vorfahren. Das bedeutet, dass sich der menschliche Organismus nicht an die veränderte heutige Lebensweise angepasst hat.

DER LEBENSSTIL DER HEUTIGEN STÄDTER UND BÜROMENSCHEN

Wir leben heute in einer Überflussgesellschaft. Unser Lebensstil ist geprägt von der zunehmenden Digitalisierung, von ständiger Verfügbarkeit, unterschwelligem Dauerstress, Wettbewerb und stetigem Wachstum. Gegessen wird oft nur nebenbei und meistens industriell verarbeitete Nahrungsmittel mit einer hohen Energiedichte, die viel Weizenmehl, raffinierten Zucker, qualitativ schlechte Fette, künstliche Aromen, Glutamat, Fruktosesirup und viel Salz enthalten.

Der Tagesablauf des heutigen Menschen sieht bei vielen ähnlich aus. Der Wecker reißt uns aus dem Schlaf. Oft verlassen wir bereits gestresst das Haus und fahren mit dem Auto oder der Bahn zur Arbeit. Auf dem Weg dorthin kaufen wir schnell noch einen Milchkaffee, süßes Gebäck, ein Croissant oder belegtes Brötchen, um dieses nebenbei zu verzehren. Anschließend sitzen wir acht bis zehn Stunden bei der Arbeit, das heißt, der Großteil der Menschen verbringt die meiste Zeit des Tages mit wenig Bewegung in geschlossenen Räumen. Dadurch wird Sonnenlicht nur in geringen Dosen über die Haut aufgenommen mit der häufigen Folge, dass viele Menschen unter einem Vitamin-D-Mangel leiden.
Die Mittagspause wird in der Kantine, im Restaurant oder im Imbiss um die Ecke verbracht oder man kauft schnell etwas im Supermarkt und isst im Büro.

Die Ernährung besteht heute aus 55 Prozent Kohlenhydraten, aus acht bis zehn Prozent Eiweiß und aus 35 Prozent Fett. Essensrituale existieren nicht mehr, gegessen wird zwischendurch, mehrmals am Tag und häufig alleine. Durch die vermehrte Nahrungsaufnahme ist die Insulinausschüttung bis zu 15-fach erhöht. Dies kann zu einer Insulinresistenz und schließlich zu Diabetes führen. Nach der Arbeit geht es entweder direkt wieder nach Hause oder man trifft Freunde in der Bar, im Restaurant oder im Kino. Vielleicht geht man danach auch ins Fitnessstudio. Zu Hause surft man noch schnell ein wenig im Internet oder sieht fern. Die heutige Schlafdauer liegt bei fünf bis sieben Stunden.

DER URBANE JÄGER UND SAMMLER

Was wir von unseren Vorfahren lernen können, ist die Rückbesinnung auf unsere Wurzeln: Entschleunigung, Rückzug, Natürlichkeit, Bewegung, Nachhaltigkeit, Teilen, saisonal, regional und Reduktion auf das Wesentliche sind die Schlagworte eines ausgeglichenen Lebensstils in der heutigen Zeit. Immer mehr Menschen haben ein stärkeres Bedürfnis nach Sinnhaftigkeit und Selbstbestimmung in ihrem Leben. Im Vordergrund stehen privates Glück und Selbstverwirklichung. Dieser Trend wirkt sich auf alle Lebensbereiche wie Ernährung, Bewegung, Wohnen, Arbeit und Lifestyle aus. Die Menschen wollen Transparenz über die Herkunft der Lebensmittel. Jeder muss für sich eine gute Mischung aus all den Bereichen finden. Mein Buch „Paleo to go for Business“ soll helfen, die Paleo-Ernährung einfach in den Berufsalltag zu integrieren.

PALEO-LEBENSMITTELLISTE

PALEOKONFORME LEBENSMITTEL

Salat und Gemüse

Salat und Gemüse sind Hauptbestandteil der Paleo-Ernährung und sollten saisonal, am besten beim Bauern direkt, gekauft werden. Beim Kauf von Tiefkühlobst darauf achten, dass keine Zusätze verwendet wurden. Salat und Gemüse liefern uns wichtige pflanzliche Sekundär- und Ballaststoffe und fördern damit den Stoffwechsel und die Verdauung.

Salat- und Gemüsesorten: Aubergine, Blumenkohl, Brokkoli, Chili, Fenchel, Grünkohl, Gurke, Ingwer, Karotte, Kartoffel, frischer Knoblauch, Kohl, Kohlrabi, Kraut, Kräuter, Kürbis, Lauch, Löwenzahn, Mangold, Oliven, Pak Choi, Paprika, Pastinake, Pilze, Porree, Radieschen, Rosenkohl, Rote Bete, Rotkohl, Rucola, Rübe, Salat (Chicorée, Eisbergsalat, Endivie, Feld-, Kopfsalat, Lollo Rosso und Bianco, Radicchio, Roma-, Eichblattsalat etc.), Spargel, Spinat, Stauden- und Knollensellerie, Süßkartoffel, Schwarzwurzel, Tomate, Wirsing, Zucchini, Zwiebel (rote und weiße Gemüsezwiebel, Schalotte etc.).

Obst und Trockenobst

Obst sollte saisonal gekauft werden. Essen Sie Obst nur in geringen Mengen, denn Südfrüchte und süßes Obst enthalten viel Fruchtzucker. Trockenobst ist eine „Süßigkeit", die auch schon in der Steinzeit beliebt war. Auch davon sollten Sie nicht mehr als 50 Gramm pro Tag verzehren.

Obst: Ananas, Apfel, Avocado, Banane, Birne, Blaubeere, Brombeere, Cranberry, Dattel, Erdbeere, Feige, exotische Früchte, Granatapfel, Grapefruit, Himbeere, Honigmelone,

Johannisbeere, Kirsche, Kiwi, Kochbanane, Limette, Mandarine, Mango, Maracuja, Nektarine, Orange, Papaya, Pfirsich, Pflaume, Rhabarber, Stachelbeere, Wassermelone, Weintraube, Zitrone.

Fleisch, Wild und Geflügel

Ob Fleisch, Wild oder Geflügel – wichtig ist, dass es aus artgerechter Haltung stammt, am besten von Weidetieren, die in einer natürlichen Umgebung aufgewachsen sind. Wenn verarbeitetes Fleisch gekauft wird (wie beispielsweise Schinken, Wurst oder Hackfleisch), sollte dieses von Weidentieren oder Bio-Tieren stammen und frei von Zusatzstoffen sein. Produkte aus Massentierhaltung oder marinierte Fleischstücke enthalten Zusätze wie Farbstoffe, Geschmacksverstärker und Zucker und sollten aus diesem Grund nicht gekauft werden.

Fleisch: Geflügel (Hähnchen, Hähnchenbrust, Truthahnbrust, Ente, Gans, ...), Hase, Lamm, Rind, Schwein, Ziege.
Wild: Fasan, Gans, Hirsch, Reh, Strauß, wilder Truthahn, Wachtel, Wildschwein.
Innereien: Knochenmark, Leber, Zunge.

Eier

Achten Sie bei Eiern darauf, dass diese von frei laufenden Hühnern stammen. Am besten sind natürlich Bio-Eier. Eier enthalten viele lebenswichtige Stoffe und leisten somit einen wichtigen Beitrag zur gesunden Ernährung. Neben dem Gehalt an vollwertigem Eiweiß bieten sie auch wertvolle Vitamine (A, D, E, K, B1 und B2) und Mineralstoffe wie Calcium und Eisen.

Fisch, Krustentiere und Meeresfrüchte

Kaufen Sie Fisch aus nachhaltiger Fischerei beziehungsweise aus Wildfang.

Zuchtfisch sollte möglichst aus Bio-Aquakultur stammen. Fisch ist unsere wichtigste Quelle für Omega-3-Fettsäuren und natürlich auch für Eiweiß.

Fisch: Aal, Dorade, Forelle, Heilbutt, Hering, Kabeljau, Lachs, Makrele, Red Snapper, Sardinen, Schellfisch, Seebarsch, Seeteufel, Steinfisch, Thunfisch, Zander.
Krustentiere und Meeresfrüchte: Austern, Garnelen, Hummer, Jakobsmuscheln, Krabben, Langusten, Muscheln.

Kerne und Nüsse

Essen Sie nicht mehr als 100 Gramm Nüsse täglich.

Kern- und Nusssorten: Cashewkern, Haselnuss, Kürbiskern, Macadamia, Mandel, Marone, Paranuss, Pecannuss, Pinienkern, Pistazie (ungesalzen), Sesam, Sonnenblumenkern, Walnuss.

HINWEIS:
Die Erdnuss ist eine Hülsenfrucht und kommt somit nicht in der Paleo-Ernährung vor.

Gewürze und Kräuter

Prüfen Sie beim Kauf von Gewürzmischungen, ob diese frei von Glutamat, Hefeextrakt, Aromen oder billigen Füllmitteln wie Reismehl sind.

Öle und Fette

Bei der Verwendung von Ölen und Fetten zum Braten, Andünsten oder Frittieren ist es wichtig, hochwertige Produkte zu verwenden.
Kalt gepresste Öle wie Nuss- und Olivenöle eignen sich gut für Salatdressings.

Öl- und Fettsorten: Avocado-Öl, Ghee, Gänseschmalz, Haselnussöl, Kokosöl, Macadamia-Öl, Olivenöl (extra vergine), Schweineschmalz, Speck, Walnussöl.

Mehle

Prüfen Sie beim Kauf von Mehl, ob es nicht mit anderen Mehlen gestreckt ist.

Mehlsorten: Haselnussmehl, Kastanienmehl, Kokosmehl, Kürbiskernmehl, Leinsamenmehl, Sesammehl, Teffmehl, Teffflocken, Traubenkernmehl, Walnussmehl.

Süßungsmittel

Wer es gerne etwas süßer mag, sollte Honig oder Kokosblütenzucker zum Süßen verwenden.

Getränke

Zuckerfreie Getränke enthalten oft synthetische Süßstoffe wie Saccharin und Aspartam, die für den Körper schädlich sein können. Verzichten Sie darauf und trinken Sie stattdessen viel Wasser mit oder ohne Kohlensäure, Kaffee, Tee, Kokosmilch oder Kokoswasser.

NICHT PALEOKONFORME LEBENSMITTEL

Milchprodukte

Kuhmilch ist nicht als Nahrungsmittel für uns Menschen gedacht, sondern für die Aufzucht des Nachwuchses von Kühen. Sie enthält alle wichtigen Nährstoffe und Hormone, damit die Kälber gut versorgt werden und schnell heranwachsen. Milch und Milchprodukte enthalten Milchzucker, auch unter dem Begriff Laktose bekannt, welcher bei vielen Menschen zu einer Unverträglichkeit führt.

- **Alternativen zur Kuhmilch:** Haselnussmilch, Kokoscreme, Kokosmilch, Kokoswasser, Mandelmilch.

Getreideprodukte

Die meisten Getreidesorten enthalten Antinährstoffe wie beispielsweise Lektine, Gluten oder Phytate. Je mehr Getreide in Form von Brot, Pasta, Pizza und Co verzehrt wird, desto höher ist das Risiko einer Autoimmunreaktion, einer chronischen Entzündung, von Übergewicht oder Diabetes. Zudem ist Getreide oft gentechnisch manipuliert, denn dadurch ist es resistenter gegen Schädlinge, ertragreicher und für die Industrie leichter zu verarbeiten. Getreide kann der Mensch nur in verarbeiteter Form zu sich nehmen. In der Ursprungsform ist es kaum genießbar beziehungsweise für unser Verdauungssystem nicht verwertbar. Eine der häufigsten negativen Auswirkungen des Verzehrs von Getreide ist die Glutenunverträglichkeit.

Hülsenfrüchte

Hülsenfrüchte enthalten ähnlich wie Getreide große Mengen an Antinährstoffen. Unter Hülsenfrüchten versteht man alle Arten von Bohnen: Erbsen, Erdnüsse, Kichererbsen, Linsen und Sojabohnen. In ihrer Ursprungsform sind Hülsenfrüchte kaum genießbar, deshalb müssen sie vor dem Verzehr verarbeitet werden.

» **Information:** 70 Prozent des Sojabedarfs wird mit genmanipulierten Pflanzen gedeckt.

TIPPS ZUR UMSETZUNG DES PALEO-LIFESTYLES IM BERUFSALLTAG

Ernährung

- Kaufen Sie Lebensmittel saisonal und regional.
- Lassen Sie sich auf regionalen Bauernmärkten von der Vielfalt inspirieren.
- Achten Sie auf die Qualität und Herkunft der Nahrungsmittel.
- Versuchen Sie sich selbst als Gärtner/in im eigenen Urban-Gardening-Projekt.
- Verwerten Sie Reste vom Vortag.
- Kochen Sie Portionen in größeren Mengen vor und frieren Sie sie ein.
- Bereiten Sie gesunde Snacks auf Vorrat zu.

Entschleunigen

- Lassen Sie Ihr Handy in der Mittagspause im Büro.
- Verbringen Sie die Mittagspause draußen im Park.
- Verabreden Sie sich zum Mittagessen, ohne dabei über die Arbeit zu reden.
- Machen Sie einfach mal früher Feierabend, wenn die Sonne scheint, und genießen Sie das Wetter.

- Nehmen Sie sich nicht zu viele Dinge an einem Tag vor. Reduzieren Sie Ihre To-do-Liste auf das Wesentliche.

Bewegung

- Lassen Sie das Auto stehen und fahren Sie mit dem Rad zur Arbeit. Oder steigen Sie ein paar Haltestellen früher aus dem Bus und gehen Sie zu Fuß nach Hause.
- Benutzen Sie Treppen anstatt den Aufzug.
- Gehen Sie in der Mittagspause spazieren.
- Treiben Sie Sport in der Natur anstatt im Fitnessstudio und tanken Sie dabei Vitamin D.

Business Lunch

- Ihr Paleo-Erste-Hilfe-Kasten für den Business Lunch: 1 Dose Kräutersalz, 1 kleine Flasche abgefüllte Mandel- oder Kokosmilch, 1 Tafel 80-Prozent-Schokolade.
- Fleisch, Fisch, Salat oder gedünstetes Gemüse gibt es fast in jedem Restaurant zu bestellen.
- Viele Restaurants bieten mittlerweile auch Süßkartoffeln als Beilage an.
- Nehmen Sie Ihr eigenes abgefülltes Paleo-Dressing mit oder würzen Sie einfach mit Essig, Öl, Pfeffer und Salz oder mitgenommenem Kräutersalz.
- Nehmen Sie für den Kaffee nach dem Essen abgefüllte Mandel- oder Kokosmilch mit.
- Genießen Sie statt eines Desserts Schokolade mit 80 Prozent Kakaoanteil.

Unterwegs im Auto

- Der Paleo-Erste-Hilfe-Kasten für das Auto enthält: 1 Packung Nüsse, 1 Flasche Wasser, 1 Packung Beef Jerky, 1 Packung Trockenobst, 1 Packung Gemüsechips

- Bereiten Sie für unterwegs eine Paleo-Foodbox vor.
- Nüsse, Beef Jerky, Trockenobst und frisches Obst gibt es mittlerweile an vielen Tankstellen.

Aus dem Supermarkt fürs Büro

Frühstück:

- Frisch zubereiteter Obstsalat mit Nüssen und Kokosmilch
- Paleo-Nussmilchkaffee to go mit ungesüßter Mandel- oder Kokosmilch
- Avocado mit Zitrone, Cherrytomaten und Beef Jerky

Lunch:

- Fertiger Salatmix mit Saaten- oder Nuss-Topping
- Fertiger Salatmix mit Thunfisch, Lachs, Krabben oder geräucherter Forelle
- Gefüllte Avocado mit Thunfisch und gekochtem Ei
- Salat von der Salattheke zusammenstellen
- Frisch zubereiteter Obstsalat mit Nüssen und Kokosmilch

Snacks:

- Frisches Obst
- Minigemüse
- Getrocknetes Obst
- Nüsse
- Kerne und Saaten
- Beef Jerky
- Gemüsechips

REZEPTE

Reze

pte

BASICS zum Vorbereiten

PALEO-KÖRNERBROT	29
VINAIGRETTE	31
ITALIENISCHE CASHEWPASTE	33
MANDEL-TOMATEN-THYMIAN-PESTO	35
PALEO-PORRIDGE	37
HÜHNERBRÜHE	39
KOKOSMILCH	41
BLUMENKOHLREIS	43
APRIKOSEN-DATTEL-AUFSTRICH	45
SCHOKOAUFSTRICH	47

Diese Paleo-Basics sollten immer vorrätig sein, denn damit kann man den Paleo-Lifestyle leicht im Berufsalltag umsetzen.

Paleo-KÖRNERBROT

Zutaten für 1 Brot

150 GR. SONNENBLUMEN-
KERNE*
60 GR. TEFFFLOCKEN ODER
GESCHROTETER LEINSAMEN
2 EL LEINSAMENMEHL
50 GR. SESAMSAMEN
2 TL WEINSTEINBACKPULVER
½ TL SALZ
4 EL OLIVENÖL
4 EIER

Zubereitung

1. Ofen auf 180 Grad Ober-und Unterhitze vorheizen.
2. Die Sonnenblumenkerne in eine Küchenmaschine geben und zu Mehl verarbeiten.
3. In einer Schüssel Sonnenblumenkernmehl, Teffflocken, Leinsamenmehl, Sesamsamen, Backpulver und Salz verrühren. Anschließend Olivenöl und Eier hinzugeben und mit der Küchenmaschine einen Teig daraus kneten.
4. Den Teig in eine Kastenbackform füllen und im Backofen circa 40 Minuten backen. Mit einem Zahnstocher in die Mitte des Brotes stechen – wenn kein Teig mehr am Zahnstocher kleben bleibt, ist es fertig gebacken.
5. Das Brot auskühlen lassen und aus der Backform stürzen. Im Kühlschrank ist es circa 1 Woche haltbar.

*** SONNENBLUMENKERNE ENTHALTEN VIEL VITAMIN B1 UND ERHÖHEN DIE GEHIRNLEISTUNG.**

VINAIGRETTE

Zutaten

4 EL ÖL
3 EL ESSIG
½ TL HONIG
SALZ, PFEFFER

ASIATISCHE VARIANTE

+ 1 TL GERIEBENER INGWER
+ 2 EL GEHACKTER KORIANDER
+ ETWAS CHILIFLOCKEN

KRÄUTER-VARIANTE

+ 1 FEIN GEWÜRFELTE SCHALOTTE
+ 2 EL GEHACKTE GEMISCHTE KRÄUTER

SÜß-SCHARFE VARIANTE

+ ½ TL HONIG
+ 1 TL SENF
+ ETWAS CHILIPULVER

FRUCHTIGE VARIANTE

+ 2-3 EL APFELDIREKTSAFT
+ 1 TL SENF

Zubereitung

1. Für die klassische Vinaigrette Öl, Essig und Honig in ein Schraubglas geben, mit Salz und Pfeffer würzen. Glas fest verschließen und kräftig schütteln.
2. Für die Variante sämtliche Zutaten in ein Schraubglas geben, das Glas verschließen und durch Schütteln den Inhalt miteinander vermischen.

Passt gut
zu Hühnchen
und Paleo-
Crackern.

Italienische CASHEWPASTE

Zutaten

100 GR. CASHEWKERNE
½ TL CHILIFLOCKEN
1 BIO-LIMETTE
1 BUND BASILIKUM
6-7 EL OLIVENÖL
1 TL HONIG
SALZ

Zubereitung

1. Cashewkerne grob hacken und in einer Pfanne ohne Fett bei mittlerer Hitze goldbraun rösten. Aus der Pfanne nehmen und abkühlen lassen.
2. Limette heiß abwaschen, mit einem Küchentuch abtrocknen. Von der Limette die Schale fein abreiben.
3. Basilikum waschen, trocken schütteln und grob zerhacken.
4. Alle Zutaten in eine Schüssel geben und mit einem Stabmixer fein pürieren. Mit Salz abschmecken.
5. In ein Glas abfüllen, mit etwas Öl bedecken, verschließen und kühl stellen. Im Kühlschrank ist die Paste circa 2 Wochen haltbar.

Mandel-Tomaten-
THYMIAN-PESTO

Zutaten

3 GETROCKNETE TOMATEN
60 GR. MANDELN
½ BUND THYMIAN
1-2 KNOBLAUCHZEHEN
½ TL CHILIFLOCKEN
1 TL HONIG
5-6 EL OLIVENÖL
SALZ

Zubereitung

1. Getrocknete Tomaten in ein Glas geben und dieses mit warmem Wasser auffüllen.
2. Mandeln grob hacken. In einer Pfanne ohne Fett unter ständigem Rühren goldbraun rösten. Beiseitestellen und abkühlen lassen.
3. Thymian waschen, trocken schütteln, Blättchen vom Stiel zupfen.
4. Knoblauchzehen schälen und grob hacken. Mandeln, Tomaten, ein wenig Tomatenwasser, Knoblauch und Chiliflocken in einem hohen Gefäß fein pürieren. Mit Honig und Olivenöl vermischen und mit Salz abschmecken.
5. Das Pesto in ein Glas füllen, mit einer Ölschicht bedecken, verschließen und kühl stellen.
   Im Kühlschrank ist es circa 2 Wochen haltbar.

Paleo-PORRIDGE

Zutaten

1 DOSE KOKOSMILCH
1 EL HONIG
5 EL TEFFFLOCKEN* ODER GEMAHLENE MANDELN

Zubereitung

1. Kokosmilch und Honig in einen Topf geben und miteinander verrühren.
2. Teffflocken oder gemahlene Mandeln unterrühren und circa 30 bis 45 Minuten quellen lassen.
3. Im Kühlschrank ist der Porridge 4 Tage haltbar. Falls er zu fest ist, einfach etwas Wasser unterrühren. Je nach Vorliebe kann er mit Kakaopulver oder Zimt verfeinert werden.

* TEFFFLOCKEN ENTHALTEN WERTVOLLE MINERALSTOFFE UND HABEN EINEN HOHEN EISEN- UND BALLASTSTOFFGEHALT.

Hühner BRÜHE

Zutaten

200 GR. LAUCH
150 GR. STAUDENSELLERIE
250 GR. KAROTTEN
2 GROßE GEMÜSEZWIEBELN
2 LORBEERBLÄTTER
1 BIO-SUPPENHUHN (2-2,5 KILO)
1 TL SCHWARZE PFEFFERKÖRNER
SALZ

Zubereitung

1. Lauch und Staudensellerie waschen. Karotten schälen. Gemüse in circa 2 cm große Stücke schneiden, Zwiebeln ungeschält vierteln. Alle Zutaten zusammen mit den Lorbeerblättern in einen großen Topf geben.
2. Huhn von innen und außen gut abwaschen und zum Gemüse geben. Kaltes Wasser dazugießen, sodass das Fleisch vollständig bedeckt ist. Das Huhn mit einem Teller beschweren, damit es immer unter Wasser bleibt.
3. Brühe ohne Deckel aufkochen lassen. ½ bis 1 EL Salz und schwarze Pfefferkörner zugeben. Die Hitze reduzieren und die Brühe zugedeckt leicht köcheln lassen. Den beim Kochen entstehenden Schaum abschöpfen.
4. Nach 2 Stunden das Huhn vorsichtig aus der Brühe heben und abkühlen lassen. Ein großes Sieb mit einem Mulltuch auslegen und die Hühnerbrühe in einen anderen Topf abgießen.
5. Die Hühnerbrühe noch einmal kurz aufkochen lassen und dann in saubere, heiß ausgespülte Schraubgläser füllen. Sofort verschließen und abkühlen lassen. Die Brühe eignet sich hervorragend zum Einfrieren, dafür die abgekühlte Flüssigkeit in Gefrierbeuteln portionieren.
6. Das Suppenhuhn häuten und das Fleisch mit einem scharfen Messer von den Knochen lösen. Das Hühnerfleisch kann zu einem leckeren Salat verarbeitet werden.

Kokos MILCH

Zutaten

450 ML GEFILTERTES WASSER
150 GR. KOKOSRASPEL

Zubereitung

1. Das gefilterte Wasser in einen Topf füllen und aufkochen lassen.
2. Die Kokosraspel in einen hohen Rührbecher füllen. Das kochende Wasser hineingießen und die Raspel darin circa 10 bis 12 Minuten quellen lassen.
3. Die Flüssigkeit mit dem Stabmixer circa 4 bis 5 Minuten pürieren.
4. Zum Schluss die Kokosmilch durch ein feines Sieb abgießen.

TIPP:
KOKOSMILCH IN EINE FLASCHE ABFÜLLEN UND IM KÜHLSCHRANK KALT STELLEN. SO BLEIBT SIE CIRCA 1 WOCHE HALTBAR. BEI KALTER KOKOSMILCH SETZT SICH DIE FETTSCHICHT OBEN AB – VOR DEM VERZEHR DAHER DIE FLASCHE GUT DURCHSCHÜTTELN ODER NOCH EINMAL MIT DEM STABMIXER KURZ PÜRIEREN.

Blumenkohl REIS

Zutaten

1 BLUMENKOHL
4 EL OLIVENÖL
ODER KOKOSÖL
SALZ

Zubereitung

1. Backofen auf 180 Grad Umluft vorheizen.
2. Röschen vom Blumenkohl abschneiden, waschen, trocken tupfen. Blumenkohl in die Küchenmaschine geben und auf Reiskorngröße klein häckseln.
3. Olivenöl oder geschmolzenes Kokosöl über den Blumenkohlreis geben. Mit Salz würzen und alle Zutaten gut miteinander vermengen.
4. Blumenkohlreis auf einem mit Backpapier ausgelegten Backblech verteilen und für circa 15 Minuten im Ofen backen. Zwischendurch wenden.

Aprikosen-Dattel-
AUFSTRICH

Zutaten

5 GETROCKNETE DATTELN
10 GETROCKNETE WEICHE APRIKOSEN
1-2 TL FEIN GEMAHLENE WALNÜSSE
1 PRISE GEMAHLENER INGWER
ETWAS WASSER

Zubereitung

1. Datteln und Aprikosen in eine hohe Schüssel geben und mit Wasser bedecken. Circa 30 Minuten einweichen lassen.
2. Die eingeweichten Trockenfrüchte mit dem Stabmixer pürieren.
3. Gemahlene Walnüsse und Ingwer hinzugeben und alles noch einmal durchpürieren.

To do
Done
Love it!
Don't like

Schoko AUFSTRICH

Zutaten
für ein kleines Glas

100 GR. GEMAHLENE HASELNÜSSE
50 GR. KOKOSFETT
20 GR. KAKAOPULVER (ROH)
50 GR. HONIG
50-60 ML WASSER

Zubereitung

1. Gemahlene Haselnüsse in einer beschichteten Pfanne ohne Fett bei kleiner Hitze unter ständigem Rühren langsam rösten.
2. In einer zweiten Pfanne Kokosfett erhitzen und schmelzen lassen.
3. Gemahlene Mandeln, geschmolzenes Kokosfett, Kakaopulver und Honig in der Küchenmaschine verarbeiten. Wasser hinzufügen und die Masse so lange mixen, bis eine Creme entsteht.
4. Die Schokocreme in ein Glas füllen und luftdicht verschließen. Das Glas an einem dunklen, kühlen Ort lagern, so hält sich der Aufstrich circa 3 bis 4 Wochen.

Paleo-
FRÜHSTÜCK

OBSTSALAT MIT NÜSSEN	51
PALEO-ZIMT-PORRIDGE MIT FRISCHEN BEEREN	53
PALEO-SCHOKO-PORRIDGE MIT ERDBEER-MANDEL-TOPPING	55
KURKUMA-TOMATEN-MUFFINS	57
SÜSSKARTOFFEL-PAPRIKA-MUFFINS	59
PALEO-MINI-BANANENBROT	61
PANCAKES MIT OBST	63
PALEO-MÜSLI	65
HIMBEER-KOKOS-SMOOTHIE	67
PALEO-MOUSSE-AU-CHOCOLAT	69

Bereiten Sie den Obstsalat gleich für 2 Tage vor!

OBSTSALAT mit Nüssen

Zutaten für 2 Personen

½ MANGO
½ ANANAS
½ SCHALE HIMBEEREN
½ SCHALE HEIDELBEEREN
½ SCHALE ERDBEEREN
1 APFEL
ETWAS FRISCHE MINZE
1 TL ZIMT
1 TL KURKUMA*
2 EL NUSSÖL
ETWAS MANDEL- ODER KOKOSMILCH
2 EL NUSSMIX

Zubereitung

1. Für den Obstsalat die Mango schälen, das Fruchtfleisch vom Kern entfernen und in Würfel schneiden.
2. Von der Ananas den Strunk entfernen, die Frucht schälen, vierteln und in Stücke schneiden.
3. Himbeeren und Heidelbeeren waschen und auf Küchenkrepp abtropfen lassen.
4. Erdbeeren waschen, ebenfalls auf Küchenkrepp trocknen lassen, dann Stiele und Blätter entfernen und die Früchte vierteln.
5. Den Apfel waschen, abtrocknen, den Strunk entfernen und das Fruchtfleisch in Würfel schneiden.
6. Einige Minzblätter von den Stielen abzupfen, abbrausen und trocken tupfen.
7. Das Obst in eine Schüssel geben. Zimt, Kurkuma, Nussöl und Mandel- oder Kokosmilch darüber verteilen und alle Zutaten vorsichtig miteinander vermischen. Obstsalat in 2 Einmachgläser füllen, je 1 EL Nussmix darübergeben und mit Minze garnieren.

* KURKUMA HAT EINE ENTZÜNDUNGSHEMMENDE WIRKUNG UND ENTHÄLT EISEN, KALIUM, VITAMIN B6 UND MANGAN.

Porridge gleich für 2 Tage vorbereiten.

Falls der Porridge am nächsten Tag zu fest ist, einfach etwas Kokosmilch oder Wasser unterrühren.

Paleo-Zimt-Porridge
MIT FRISCHEN BEEREN

Zutaten für 2 Personen

100 ML KOKOSMILCH
2-3 EL TEFFFLOCKEN ODER GEMAHLENE MANDELN
1 EL HONIG
1 EL ZIMT*
100 GR. FRISCHE BEEREN
2 EL GEHACKTE MANDELN

Zubereitung

1. Kokosmilch zusammen mit den Teffflocken oder den gemahlenen Mandeln in eine Schüssel geben, verrühren und circa 30 bis 40 Minuten quellen lassen.
2. Honig und Zimt unterrühren.
3. Beeren waschen und auf Küchenkrepp abtropfen lassen.
4. Den Porridge in 2 Einmachgläser abfüllen, die Beeren darauf verteilen und mit je 1 EL gehackten Mandeln bestreuen.

* ZIMT BEKÄMPFT BLUTZUCKER-BEDINGTE STIMMUNGS-SCHWANKUNGEN UND STEIGERT DIE KONZENTRATION. ER ENTHÄLT EISEN, CALCIUM, MANGAN UND BALLASTSTOFFE.

Paleo-Schoko-Porridge MIT ERDBEER-MANDEL-TOPPING

Zutaten für 2 Personen

100 ML KOKOSMILCH
2-3 EL TEFFFLOCKEN ODER GEMAHLENE MANDELN
2-3 EL ROHKAKAO
1 EL HONIG
1 EL ZIMT
100 GR. FRISCHE ERDBEEREN
2 EL MANDELBLÄTTCHEN

Zubereitung

1. Kokosmilch zusammen mit den Teffflocken oder gemahlenen Mandeln in eine Schüssel geben, verrühren und circa 30 bis 40 Minuten quellen lassen.
2. Kakao, Honig und Zimt unterrühren.
3. Erdbeeren waschen und auf Küchenkrepp trocknen lassen. Strünke abschneiden und Früchte vierteln.
4. Den Porridge in 2 Einmachgläser abfüllen, die Erdbeeren darauf verteilen und mit je 1 EL Mandelblättchen bestreuen.

* ROHER KAKAO ENTHÄLT MAGNESIUM, ANTIOXIDANTIEN UND CALCIUM. VERSCHIEDENE INHALTSSTOFFE DES KAKAOS STEIGERN DAS GLÜCKSGEFÜHL.

Kurkuma-Tomaten-
MUFFINS

Zutaten für 2 Personen

5 CHERRYTOMATEN
2 KLEINE LAUCHZWIEBELN
½ BUND SCHNITTLAUCH
4 EIER
2 TL KURKUMA
2 TL TOMATENMARK
2 EL GESCHROTETER LEINSAMEN
SALZ, PFEFFER

Zubereitung

1. Tomaten waschen, abtrocknen und halbieren.
2. Lauchzwiebeln waschen, Enden abschneiden, in feine Ringe schneiden.
3. Schnittlauch in kleine Röllchen schneiden.
4. In einer Schüssel Eier, Kurkuma und Tomatenmark miteinander verquirlen. Schnittlauchringe, Tomaten, Lauchzwiebeln und Leinsamenschrot hinzugeben, verrühren. Mit Salz und Pfeffer würzen.
5. Eimasse in gefettete Muffinformen füllen und im Backofen bei 180 Grad circa 20 Minuten backen.

* LEINSAMEN ENTHÄLT VITAMIN B6, BALLASTSTOFFE UND OMEGA-3-FETTSÄUREN. ER ERHÖHT DIE KONZENTRATION UND DAS STEIGERT DEN ENERGIELEVEL.

Süßkartoffel-Paprika-MUFFINS

Zutaten für 2 Personen

½ SÜẞKARTOFFEL
½ ROTE PAPRIKA*
½ ZUCCHINI
1 ROTE ZWIEBEL
1 KNOBLAUCHZEHE
1 ZWEIG THYMIAN
1 ZWEIG ROSMARIN
1 EL OLIVENÖL
SALZ, PFEFFER
4 EIER
50 ML MANDELMILCH

* PAPRIKA ENTHÄLT VIELE IMMUNSYSTEM-STÄRKENDE NÄHRSTOFFE UND VITAMINE.

Zubereitung

1. Backofen auf 180 Grad Umluft vorheizen.
2. Süßkartoffel schälen und in einer Küchenmaschine raspeln.
3. Paprika und Zucchini waschen und abtrocknen. Strunk und Kerne vom Paprika entfernen. Beide Gemüse fein würfeln und mit den Süßkartoffeln in eine Schüssel geben.
4. Zwiebel und Knoblauch schälen, fein würfeln und zum Gemüse geben.
5. Thymianblätter und Rosmarinnadeln abzupfen. Kräuter grob hacken und darüberstreuen.
6. Gemüse mit Olivenöl beträufeln. Mit Salz und Pfeffer würzen und den Schüsselinhalt gut miteinander vermengen.
7. Eier und Mandelmilch verquirlen. Mit Salz und Pfeffer würzen und über das Gemüse gießen. Alle Zutaten miteinander vermischen und die Masse in gefettete Muffinformen füllen. Circa 20 bis 25 Minuten backen.

Paleo-MINI-BANANENBROT

Zutaten für 6 Mini-Brote

30 GR. CASHEWKERNE
2 REIFE BANANEN
70 GR. KOKOSFETT
2 EIER
40 GR. KOKOSMEHL
1 EL ZIMT
1 TL GEMAHLENE VANILLE
1 TL WEINSTEINBACKPULVER

Zubereitung

1. Den Backofen auf 175 °C vorheizen.
2. Cashewkerne grob hacken. Bananen schälen und in grobe Stücke schneiden.
3. Kokosfett in einem kleinen Töpfchen schmelzen. Eier und geschmolzenes Fett in die Küchenmaschine geben und auf höchster Stufe cremig mixen.
4. Kokosmehl, Zimt, gemahlene Vanille und Backpulver hinzufügen und alles zu einem glatten Teig verrühren.
5. Zum Schluss die gehackten Cashewkerne unterheben.
6. Den Teig in eine mit Kokosöl eingefettete kastenförmige Kuchenform (9 x 6 x 3,5 cm) geben und für circa 30 Minuten im vorgeheizten Backofen backen.

* BANANEN HABEN EINEN HOHEN VITAMIN-B6-ANTEIL UND GEBEN NEUE ENERGIE.

Love it!
Don't like
Thanks
Perfect

Pancakes MIT OBST

Zutaten für 2 Personen

2 BANANEN
½ TL ZIMT
4 EIER
3-4 EL GEMAHLENE MANDELN
ETWAS KOKOSFETT
1 APFEL

Zubereitung

1. Eine Banane mit der Gabel zu Brei zerdrücken und mit Zimt vermischen. Eier, Bananenbrei und gemahlene Mandeln zu einer Masse verrühren.
2. Kokosfett in der Pfanne erhitzen und je einen Esslöffel Pancake-Masse in die Pfanne geben. Von beiden Seiten bei mittlerer Hitze circa 3 bis 4 Minuten braten.
3. Die zweite Banane schälen und in Stücke schneiden.
4. Apfel waschen, halbieren, entkernen und in Stücke schneiden.
5. Pancakes auf dem Teller anrichten und Obst darübergeben.

Paleo-MÜSLI

Zutaten für 1 Dose

- 300 GR. NUSSMIX NACH WAHL (CASHEWKERNE, MANDELN, HASELNÜSSE, PARANÜSSE, WALNÜSSE)
- 80 GR. KOKOSFLOCKEN
- 50 GR. SONNENBLUMENKERNE
- 4 GETROCKNETE APRIKOSEN
- 1 EL CRANBERRYS ODER ROSINEN
- 50 GR. KOKOSÖL
- 2 EL HONIG
- 1 TL GEMAHLENE VANILLE

Zubereitung

1. Den Ofen auf 140 Grad vorheizen. Nüsse, Kerne und Flocken in die Küchenmaschine oder den Mixer geben und grob zerkleinern. Die getrockneten Früchte klein schneiden. (Bei den Nüssen und Trockenfrüchten kann je nach Vorliebe variiert werden.)
2. Kokosöl in einem kleinen Töpfchen schmelzen und mit Honig und Vanille vermischen. Über die Nuss-Frucht-Mischung geben und alles gut miteinander vermengen.
3. Die Müslimischung auf einem mit Backpapier ausgelegten Blech verteilen und für 20 bis 25 Minuten im Ofen rösten, dabei ein- bis zweimal etwas umschichten.

* APRIKOSEN MACHEN WIEDER FIT UND STEIGERN DAS GLÜCKSGEFÜHL. DAS LIEGT AN DER GROßEN MENGE TRYPTOPHAN, DIE DARIN ENTHALTEN SIND, EINE AMINOSÄURE, DIE IM KÖRPER IN DAS GLÜCKSHORMON SEROTONIN UMGEWANDELT WIRD.

Himbeer-Kokos-
SMOOTHIE

Zutaten für 2 Smoothies

2 SCHALEN FRISCHE ODER 250 GR. GEFRORENE HIMBEEREN*
500 ML KOKOSMILCH
1 EL HONIG

Zubereitung

1. Himbeeren waschen, zusammen mit der Kokosmilch und dem Honig in den Standmixer oder in die Küchenmaschine geben und zum Smoothie pürieren.
2. Anschließend in 2 Flaschen abfüllen.

*** HIMBEEREN ENTHALTEN VIELE ANTIOXIDANTIEN UND VERBESSERN DIE SEHKRAFT.**

DJ Eurostox 50
S&P 500
Nasdaq

Paleo-MOUSSE-AU-CHOCOLAT

Zutaten für 2 Personen

2 REIFE AVOCADOS*
5 EL KAKAOPULVER (ROH)
4 EL HONIG
100 ML MANDELMILCH
1 SCHALE HEIDELBEEREN
½ SCHALE HIMBEEREN
2 TL CASHEWKERNE

Zubereitung

1. Avocados halbieren, Stein entfernen, das Fruchtfleisch herauslöffeln und in eine Küchenmaschine geben.
2. Kakaopulver, Honig und Mandelmilch dazugeben und alles zu einer cremigen Mousse au Chocolat mixen.
3. Heidelbeeren und Himbeeren unter heißem Wasser abwaschen, danach vorsichtig trocken tupfen.
4. Die Mousse au Chocolat in 2 Einmachgläser füllen. Heidelbeeren und Himbeeren darüber verteilen. Zum Schluss mit Cashewkernen garnieren.

* AVOCADOS ENTHALTEN VITAMIN B6, FOLSÄURE, BALLASTSTOFFE UND SIND REICH AN UNGESÄTTIGTEN FETTSÄUREN.

Paleo-LUNCH

KNUSPRIGE KOKOS-CHICKEN-BULETTEN 73

PALEO-CHICKENLEGS MIT MANGOCHUTNEY 75

HÄHNCHENCURRY MIT ANANAS UND BROKKOLI 77

MINI-SESAM-FRIKADELLEN MIT PIKANTEM TOMATENDIP 79

FRUCHTIGER ROHKOSTSALAT IM GLAS 81

GEBACKENE SÜßKARTOFFEL MIT GRÜNEM SPARGEL UND GETROCKNETEN TOMATEN 83

HÄHNCHENBRUSTSALAT MIT RUCOLA UND PINIENKERNEN 85

HÄHNCHENBRUSTFILET MIT ZUCCHINI-MINZ-SALAT 87

SALAT-WRAP MIT PAPRIKA-SÜßKARTOFFEL-GEMÜSE 89

KNUSPRIGER BLUMENKOHL AUS DEM OFEN 91

FRUCHTIGER SÜßKARTOFFEL-FORELLEN-SALAT 93

HERZHAFTE PALEO-PFANNKUCHEN 95
ITALIENISCHER BLUMENKOHLREIS-SALAT 97
KOHLRABI-APFEL-CARPACCIO 99
GEBRATENER BLUMENKOHLREIS MIT EI UND KORIANDER 101
BLUMENKOHLCURRY MIT KRABBEN UND MANDELN 103
SCHNELLE GAZPACHO 105
MÖHRENSUPPE MIT BACON UND TANDOORI-CASHEWS 107
PAPRIKA-TOMATEN-SUPPE 109
KAROTTENSUPPE MIT KRABBEN-TOPPING 111
BROKKOLISUPPE MIT MANDELBLÄTTCHEN 113
FRUCHTIGE KAROTTEN-APFEL-SUPPE 115
PASTINAKENSUPPE MIT KÜRBISKERN-TOPPING 117

Hierzu passt gut ein Avocado-Mango-Salat mit Koriander.

Knusprige Kokos-CHICKEN-BULETTEN

Zutaten für 2 Personen

2 MITTELGROẞE HÄHNCHENBRUSTFILETS
1 TL TANDOORI MASALA ODER CURRYPULVER
1 PRISE CHILI
2 PRISEN SALZ
4 EL KOKOSRASPEL
1 EL KOKOSFETT

Zubereitung

1. Hähnchenbrustfilets waschen, trocken tupfen, in mittelgroße Stücke schneiden und in eine Küchenmaschine geben.
2. 1 TL Tandoori-Masala-Gewürz, 1 Prise Chili, 2 Prisen Salz und 2 EL Kokosraspel hinzugeben. Alles auf niedrigster Stufe miteinander vermixen.
3. Die Hähnchenmasse auf einen Teller geben. Die restlichen Kokosraspel auf einem zweiten Teller verteilen. Nun aus je 1 EL Teig kleine Buletten formen und in den Kokosraspeln wälzen, sodass die Buletten rundherum bedeckt sind.
4. Kokosfett in der Pfanne erhitzen und die Kokos-Chicken-Buletten bei mittlerer Hitze 10 bis 15 Minuten goldbraun braten.

FÜR DIE BEILAGE JEWEILS EINE HALBE AVOCADO UND MANGO WÜRFELN UND MIT GEHACKTEM KORIANDER UND LIMETTEN-DRESSING ANRICHTEN.

Paleo-Chickenlegs MIT MANGOCHUTNEY

Zutaten für 2 Personen

8 HÄHNCHENUNTERSCHENKEL
SALZ, PFEFFER
2-3 EL TEFFFLOCKEN
1 TL HONIG
2 EL OLIVENÖL
½ TL CHILIFLOCKEN
1 TL PAPRIKAPULVER (ROSENSCHARF)

MANGOCHUTNEY
1 KLEINE MANGO*
1 KLEINE ROTE ZWIEBEL
1 BIO-LIMETTE
2 TL ÖL
CURRY, SALZ, PFEFFER, CHILIFLOCKEN
¼ BUND SCHNITTLAUCH

* MANGO ENTHÄLT VIEL VITAMIN C UND IST REICH AN NÄHRSTOFFEN UND MINERALIEN.

Zubereitung

1. Backofen auf 190° Heißluft vorheizen. Die Hähnchenunterschenkel waschen, trocken tupfen, salzen und pfeffern.
2. Teffflocken, Honig, Olivenöl, Chiliflocken und Paprikapulver zu einer Marinade verrühren.
3. Hähnchenschenkel mit Marinade bestreichen, auf ein mit Backpapier ausgelegtes Blech legen und circa 30 Minuten backen.
4. Für das Chutney die Mango schälen, Fruchtfleisch vom Kern schneiden und in mittelgroße Stücke zerkleinern.
5. Zwiebel schälen und fein würfeln. Limette heiß abwaschen, die Schale abreiben und den Saft auspressen.
6. 1 TL Öl in der Pfanne erhitzen, Zwiebel darin glasig dünsten. 1 TL Curry zugeben und kurz mitdünsten. Mangowürfel hinzugeben, kurz mit anbraten. Mit 2 bis 3 EL Limettensaft, Limettenschale, Salz, Pfeffer und etwas Chili würzen. Abkühlen lassen.
7. Die Mangomasse in ein hohes Gefäß füllen und mit dem Stabmixer pürieren. Klein geschnittenen Schnittlauch unterheben.
8. Das Chutney in ein heiß abgekochtes Schraubglas füllen. Im Kühlschrank hält es sich einige Wochen.

Kochwasser vom Brokkoli eignet sich gut für die Zubereitung von Suppen, da sich darin viele Mineralstoffe sammeln.

Hähnchencurry MIT ANANAS UND BROKKOLI

Zutaten für 2 Personen

1 ANANAS
50 GR. CASHEWKERNE
1 GEMÜSEZWIEBEL
1 KNOBLAUCHZEHE
250 GR. BROKKOLI*
500 GR. HÄHNCHENBRUST-FILET
1 EL KOKOSFETT
SALZ, PFEFFER, CHILIFLOCKEN
1 EL GRÜNE CURRYPASTE
100 ML KOKOSMILCH (UNGESÜßT)
½ BUND KORIANDER

* BROKKOLI IST REICH AN VITAMINEN, ENTHÄLT MAGNESIUM, KALIUM UND BALLLASTSTOFFE UND UNTERSTÜTZT DIE ENTGIFTUNG DES KÖRPERS.

Zubereitung

1. Oberes und unteres Ende der Ananas abschneiden. Nun die Frucht aufrecht hinstellen und die Schale großzügig wegschneiden, sodass die dunklen Augen mit entfernt werden. Ananas vierteln. Den Strunk in der Mitte herausschneiden. Das Fruchtfleisch in Stücke schneiden.
2. Cashews in einer Pfanne ohne Fett goldbraun rösten.
3. Zwiebel und Knoblauchzehe schälen und fein würfeln.
4. Die Brokkoliröschen abschneiden, in ein Sieb geben, waschen und abtropfen lassen.
5. Hähnchenfleisch abwaschen, mit einem Küchentuch trocken tupfen und in Streifen schneiden.
6. Kokosfett in der Pfanne erhitzen. Hähnchenstreifen hinzugeben. Mit Salz, Pfeffer und etwas Chili würzen und von allen Seiten anbraten.
7. Zwiebel und Knoblauch mit der Currypaste im Hähnchenbratfett glasig dünsten. Kokosmilch und Brokkoli dazugeben und 4 bis 5 Minuten köcheln lassen.
8. Hähnchenbruststreifen und Ananas hinzugeben und weitere 2 Minuten mitköcheln lassen.
9. Zum Anrichten mit gerösteten Cashews und frischem gehacktem Koriander bestreuen.

Einfach eine
größere Menge
Frikadellen vor-
bereiten, einfrieren
und bei Bedarf
auftauen!

Mini-Sesam-Frikadellen
MIT PIKANTEM TOMATENDIP

Zutaten für 2 Personen

4 TOMATEN
1 ROTE PAPRIKA
½ BUND BASILIKUM
1 EL HONIG
1-2 GETROCKNETE CHILISCHOTEN
4-5 EL OLIVENÖL
PFEFFER, SALZ
2 KLEINE ROTE ZWIEBELN
250 GR. GEMISCHTES BIO-HACKFLEISCH
1 TL HARISSA-GEWÜRZ
PFEFFER, SALZ
½ BUND FRISCHER KORIANDER
2 EL SESAM

Zubereitung

1. Tomaten waschen, trocknen, Strunk und Fruchtfleisch entfernen und in Würfel schneiden.
2. Paprika waschen, trocknen, Strunk und Kerne entfernen und ebenfalls würfeln.
3. Basilikum waschen, trocken schütteln, grob hacken.
4. In einem Topf etwas Olivenöl erhitzen, Paprikawürfel circa 5 Minuten darin rösten. Tomaten dazugeben und weitere 4 Minuten mitbraten. Abkühlen lassen.
5. Honig, Chili, Basilikum und Olivenöl hinzugeben und alles mit dem Stabmixer zu einer Creme pürieren. Den Dip mit Salz und Pfeffer abschmecken.
6. Für die Frikadellen rote Zwiebeln schälen und fein würfeln. Öl in der Pfanne erhitzen, Zwiebeln darin glasig dünsten. Abkühlen lassen.
7. Hackfleisch in eine Schüssel geben, Harissa-Gewürz und abgekühlte Zwiebeln unterheben. Die Masse mit Salz und Pfeffer abschmecken.
8. Je 1 TL Hackfleisch zu einer Frikadellenkugel formen und in Sesam wälzen. Olivenöl oder Ghee in der Pfanne erhitzen. Die Frikadellen darin bei kleiner Hitze unter Wenden 8 bis 10 Minuten knusprig braten.

Fruchtiger ROHKOST-SALAT IM GLAS

Zutaten für 2 Personen

1 EL SESAM
4 KAROTTEN
1 KLEINES STÜCK INGWER
1 KLEINE FENCHELKNOLLE
1 APFEL
½ GURKE
½ SCHACHTEL KRESSE
1 EL HONIG
1 TL SENF
4 EL OLIVENÖL
SAFT VON ½ LIMETTE
SALZ, PFEFFER

Zubereitung

1. Sesam in einer Pfanne ohne Fett goldbraun rösten.
2. Karotten und Ingwer schälen, in grobe Stücke zerteilen.
3. Fenchelknolle und Apfel waschen, trocknen, halbieren, Strunk entfernen, in mittelgroße Stücke schneiden.
4. Rohkostzutaten jeweils einzeln in die Küchenmaschine geben und kleinhäckseln. Dann Schicht für Schicht in ein Bügelglas füllen.
5. Gurke waschen, mit einem Küchentuch trocknen, halbieren, in Scheiben schneiden und als letzte Schicht ins Glas füllen.
6. Kresse abschneiden und zusammen mit dem gerösteten Sesam über den Salat geben.
7. In ein zweites Schraubglas Honig, Senf, Olivenöl und Limettensaft füllen. Mit Salz und Pfeffer würzen. Schraubglas verschließen und kräftig schütteln.

Gebackene Süßkartoffel
MIT GRÜNEM SPARGEL UND GETROCKNETEN TOMATEN

Zutaten für 2 Personen

8 GETROCKNETE TOMATEN
1 KNOBLAUCHZEHE
2 SÜßKARTOFFELN (À 350 GR.)
1 ZWEIG ROSMARIN
6 EL OLIVENÖL
SALZ, PFEFFER
1 BUND GRÜNER SPARGEL*

* SPARGEL ENTHÄLT VIELE WERTVOLLE VITAMINE UND MINERALSTOFFE UND WIRKT AUFGRUND DES ENTHALTENEN VITAMIN-B-KOMPLEXES POSITIV AUF DIE STIMMUNG UND DAS NERVENSYSTEM.

Zubereitung

1. Backofen auf 180°C vorheizen. Getrocknete Tomaten in ein Glas geben und mit Wasser auffüllen, sodass sie komplett bedeckt sind.
2. Knoblauchzehe schälen und in zwei Hälften schneiden.
3. Süßkartoffeln waschen und halbieren. Die Schnittfläche mit der Knoblauchhälfte einreiben.
4. Den Knoblauch fein hacken. Den Rosmarin waschen, Nadeln abzupfen und fein hacken.
5. Knoblauch, Rosmarin und Olivenöl vermengen. Die Marinade mit Salz und Pfeffer abschmecken.
6. Die Süßkartoffelhälften rundherum mit einem Großteil der Marinade bestreichen und in einer Auflaufform im Backofen auf mittlerer Schiene circa 25 Minuten backen.
7. Spargel waschen, trocknen und die holzigen Enden abschneiden. Die Spargelstangen mit der restlichen Marinade beträufeln und vorsichtig durchmengen.
8. Nach 15 Minuten Backzeit den Spargel zu den Süßkartoffeln in den Backofen geben. 5 Minuten vor Ende der Backzeit getrocknete Tomaten über den Spargel geben.

HÄHNCHENBRUSTSALAT MIT *Rucola und Pinienkernen*

Zutaten für 2 Personen

½ BIO-LIMETTE
½ BUND THYMIAN
1 TL SENF
SALZ, PFEFFER
3 EL OLIVENÖL
2 MITTLERE HÄHNCHEN-BRUSTFILETS
PAPRIKAPULVER
30 GR. PINIENKERNE
150 GR. RUCOLA
8 CHERRYTOMATEN

Zubereitung

1. Limette heiß waschen und abtrocknen. Schale fein raspeln, Limette halbieren und Saft auspressen.
2. Thymian waschen, Blättchen von den Stielen streifen.
3. Limettenschale, Limettensaft, Thymian und Senf verrühren. Salz und Pfeffer zugeben, Olivenöl unterrühren. Vinaigrette in eine kleine Flasche abfüllen.
4. Backofen auf 175 Grad Umluft vorheizen.
5. Hähnchenbrustfilets waschen, trocken tupfen, mit Salz, Pfeffer und Paprikapulver würzen.
6. Öl in der Pfanne erhitzen. Fleisch von allen Seiten scharf anbraten, in eine Auflaufform geben und 15 bis 20 Minuten im Ofen garen.
7. In einer kleinen Pfanne Pinienkerne auf kleiner Hitze ohne Fett goldbraun rösten und herausnehmen.
8. Rucola waschen, trocknen, den unteren Teil der Stiele entfernen. Die Rucolablätter in ein Einmachglas füllen.
9. Tomaten waschen, trocknen, vierteln und über die Blätter geben.
10. Die abgekühlten Hähnchenbrustfilets in Streifen schneiden und über die Tomaten legen. Mit gerösteten Pinienkernen bestreuen.

HÄHNCHENBRUSTFILET MIT Zucchini-Minz-Salat

Zutaten für 2 Personen

2 GROßE GRÜNE ZUCCHINI
½ FRISCHE CHILISCHOTE
½ BUND FRISCHE MINZE
1 LIMETTE
SALZ, PFEFFER
1-2 TL TANDOORI MASALA
2 EL FLÜSSIGER HONIG
5 EL OLIVENÖL
2 HÄHNCHENBRUSTFILETS
1 TL GHEE

Zubereitung

1. Backofen auf 200 Grad vorheizen.
2. Zucchini waschen und klein raspeln. Leicht ausdrücken, sonst wird der Salat zu wässrig.
3. Chili und Minzblätter fein hacken. Limette abwaschen und die Schale abreiben.
4. Zucchiniraspel mit Salz, Pfeffer, Limettensaft und Olivenöl anmachen. Minze und Chili unterheben.
5. Für die Marinade Tandoori Masala, Salz und Pfeffer, Limettenschale, Honig und 5 El Öl verrühren.
6. Fleisch waschen, trocken tupfen und von allen Seiten mit Marinade bestreichen.
7. Ghee in der Pfanne erhitzen. Filets von beiden Seiten scharf anbraten und in eine Auflaufform legen.
8. Die Hähnchenbrustfilets im Backofen auf unterster Schiene circa 10 bis 15 Minuten garen. Falls sie zu braun werden, die Form nach 10 Minuten mit Alufolie abdecken. Abkühlen lassen.
9. Zucchinisalat in eine Schüssel füllen, Hähnchenbrustfilets in Streifen schneiden und darauf verteilen.

Salat-Wrap MIT PAPRIKA-SÜẞKARTOFFEL-GEMÜSE

Zutaten für 2 Personen

6 KOPFSALATBLÄTTER
2 GROẞE ROTE PAPRIKASCHOTEN
1 GELBE PAPRIKASCHOTE
2 ROTE ZWIEBELN
2 GROẞE SÜẞKARTOFFELN*
2 STIELE THYMIAN
4 EL OLIVENÖL
1 TL HARISSA-GEWÜRZ
GROBES MEERSALZ, PFEFFER

* DIE SÜẞKARTOFFEL HAT VIELE NÄHRSTOFFE UND ENTHÄLT VITAMIN B6, DAS HEIẞHUNGER VERRINGERT, DEN BLUTZUCKERSPIEGEL KONSTANT HÄLT UND STIMMUNGSSCHWANKUNGEN AUSGLEICHT.

Zubereitung

1. Backofen auf 175 Grad Umluft vorheizen.
2. Salatblätter waschen und mit einem Küchentuch trocken tupfen.
3. Paprika putzen, waschen und halbieren. Strunk und Kerne entfernen. Paprika grob würfeln.
4. Zwiebeln schälen und achteln.
5. Die Süßkartoffeln schälen und in mittelgroße Stücke schneiden.
6. Thymian waschen, trocknen, Blättchen abzupfen.
7. Olivenöl, Thymian und Harissa in einer Schüssel verrühren. Paprika, Zwiebeln und Süßkartoffeln dazugeben. Mit Meersalz und Pfeffer würzen und alles gründlich miteinander vermengen.
8. Die Mischung auf ein mit Backpapier ausgelegtes Backblech verteilen und auf mittlerer Schiene circa 45 Minuten rösten. Zwischendurch immer wieder wenden.
9. Das abgekühlte, lauwarme Ofengemüse gleichmäßig auf den Kopfsalatblättern verteilen. Die Salatblätter zu Wraps zusammenrollen.

Knuspriger BLUMENKOHL AUS DEM OFEN

Zutaten für 2 Personen

1 GROßER BLUMENKOHL*
1 GEMÜSEZWIEBEL
4 EL OLIVENÖL
1 EL KURKUMA
1 TL GEMAHLENER KORIANDER
SALZ, PFEFFER

Zubereitung

1. Backofen auf 200 Grad Umluft vorheizen.
2. Blumenkohl in kleine Röschen teilen, waschen und trocknen. Den Strunk klein würfeln.
3. Zwiebel schälen und in feine Ringe schneiden.
4. Für die Marinade Olivenöl, Kurkuma und gemahlenen Koriander verrühren.
5. Gemüse mit der Marinade vermengen und auf einem mit Backpapier ausgelegten Backblech verteilen. Mit Salz und Pfeffer würzen.
6. Den Blumenkohl auf mittlerer Schiene circa 15 bis 20 Minuten lang hellbraun rösten.

*** BLUMENKOHL ENTHÄLT VIELE VITAMINE, BALLASTSTOFFE UND OMEGA-3-FETTSÄUREN.**

Cashews, Süßkartoffel, Salat und Vinaigrette am besten bereits am Vorabend zubereiten. So kann am nächsten Morgen der Salat in 5 Minuten für den Lunch geschichtet werden.

Fruchtiger SÜẞKARTOFFEL-FORELLEN-SALAT

Zutaten für 2 Personen

1 SÜẞKARTOFFEL
SALZ, PFEFFER
1 TL PAPRIKAPULVER, SCHARF
1 EL OLIVENÖL
2 EL CASHEWKERNE
1 BIRNE
1 APFEL
1 RÖMERSALAT
2 GERÄUCHERTE FORELLEN-FILETS

VINAIGRETTE
4 EL OLIVENÖL
1 TL SENF
1 TL HONIG
3 EL ESSIG
3-4 EL APFELSAFT
SALZ, PFEFFER

Zubereitung

1. Backofen auf 180 Grad vorheizen.
2. Süßkartoffel schälen und klein würfeln. Salz, Pfeffer, Paprikapulver und Olivenöl darübergeben und alles gut vermengen.
3. Süßkartoffelwürfel auf ein mit Backpapier ausgelegtes Blech geben und 10-15 Minuten lang backen. Abkühlen lassen.
4. Cashewkerne in einer Pfanne bei mittlerer Temperatur ohne Fett goldbraun rösten. Abkühlen lassen.
5. Birne und Apfel waschen, halbieren, Strünke entfernen und die Früchte in mittelgroße Stücke schneiden.
6. Vom Salat den Strunk entfernen, die Blätter waschen, trocken schleudern und in feine Streifen schneiden.
7. Für die Vinaigrette Olivenöl, Senf, Honig, Essig und Apfelsaft in ein Schraubglas geben. Salz und Pfeffer dazugeben. Glas verschließen und kräftig schütteln.
8. Den Salat schichtweise in zwei Bügelgläser einfüllen: erst die Süßkartoffeln, dann die Salatstreifen, die Forellenfiletstückchen und dann die Apfel-Birnen-Würfel. Zum Abschluss Cashewkerne darüberstreuen.

Variante:
Statt des Gemüse-Belags 1 Packung geräuchertes Wildlachsfilet in grobe Stücke zupfen und auf der Avocadocreme verteilen.

Herzhafte Paleo-PFANNKUCHEN

Zutaten für 4 Pfannkuchen

2 EIER
2 EL OLIVENÖL
1 PRISE SALZ
1-2 EL TEFFMEHL
1 TL PFEILWURZELMEHL
70 ML WASSER

AVOCADOCREME

1 AVOCADO
3 CHERRYTOMATEN
2 EL ZITRONENSAFT
1 TL HARISSA-GEWÜRZ
1 PRISE SALZ

GARTENGEMÜSE-BELAG

½ ROMASALAT
½ GURKE
4 RADIESCHEN
1 FRÜHLINGSZWIEBEL

* DER PFANNKUCHENTEIG IST CIRCA 3 TAGE IM KÜHLSCHRANK HALTBAR.

Zubereitung

1. Für den Pfannkuchenteig Eier, Olivenöl und Salz miteinander verquirlen.
2. Teffmehl und Pfeilwurzelmehl mischen. Die Eimasse darüberschütten. Nach und nach 70 ml Wasser dazugeben und alles mit dem Schneebesen zu einem glatten Teig verrühren.*
3. Für die Füllung Avocado halbieren und den Kern entfernen. Fruchtfleisch herauslöffeln. Tomaten waschen.
4. Avocado, Tomaten, Zitronensaft, Harissa und Salz in der Küchenmaschine zu einer glatten Creme pürieren.
5. In einer Pfanne Ghee erhitzen. So viel Teig hineingeben, dass der Pfannenboden mit einer dünnen Teigschicht bedeckt ist. Pfannkuchen auf mittlerer Hitze von jeder Seite circa 1 bis 2 Minuten braten. Herausnehmen und abkühlen lassen.
6. Zum Servieren Pfannkuchen auf einen Teller geben, je einen Löffel Avocadocreme darauf verteilen. Mit Salatstreifen, Gurken-und Radieschenscheiben und Frühlingszwiebelröllchen garnieren.

Italienischer BLUMENKOHLREIS-SALAT

Zutaten für 2 Personen

5 GETROCKNETE TOMATEN
1 BLUMENKOHL
2 EL OLIVENÖL
SALZ
1 ZWEIG ROSMARIN
2-3 EL MANDELN
8 OLIVEN
½ BUND BASILIKUM
½ EL GETROCKNETE ITALIENISCHE KRÄUTER

Zubereitung

1. Backofen auf 180 Grad Umluft vorheizen.
2. Getrocknete Tomaten in ein Glas geben und komplett mit warmem Wasser bedecken.
3. Blumenkohlröschen abschneiden, waschen und abtrocknen. Blumenkohl in der Küchenmaschine auf Reiskorngröße klein häckseln.
4. 2 EL Olivenöl und Salz über den Blumenkohlreis geben, alles gut miteinander vermengen. Den Blumenkohlreis auf einem mit Backpapier ausgelegten Backblech verteilen und für circa 15 Minuten im Ofen backen. Zwischendurch umrühren.
5. Rosmarinnadeln mit einem Messer klein hacken.
6. Etwas Olivenöl in der Pfanne erhitzen, Mandeln und Rosmarin hineingeben und bei mittlerer Hitze kurz anbraten.
7. Oliven halbieren, Basilikum grob hacken.
8. Blumenkohlreis aus dem Ofen nehmen. Abkühlen lassen und mit den vorbereiteten Zutaten vermengen. Den Salat mit italienischen Kräutern würzen und mit Salz und Pfeffer abschmecken.

Kohlrabi-Apfel-
CARPACCIO

Zutaten für 2 Personen

2 KOHLRABI
1 APFEL
2 EL APFELESSIG
1 EL OLIVENÖL
1 EL WALNUSSÖL
1 TL HONIG
1 TL DIJON-SENF
SALZ, PFEFFER
50 GR. WALNUSSKERNE
50 GR. PINIENKERNE

Zubereitung

1. Kohlrabi schälen und in hauchdünne Scheiben hobeln.
2. Apfel waschen, trocknen, halbieren, entkernen und ebenfalls in dünne Scheiben hobeln.
3. Kohlrabi- und Apfelscheiben auf 2 Tellern fächerartig anrichten.
4. Für die Vinaigrette Apfelessig, Oliven- und Walnussöl, Honig, Senf, Salz und Pfeffer in ein Schraubglas geben. Zuschrauben und kräftig schütteln.
5. Walnusskerne grob hacken und mit den Pinienkernen in einer Pfanne ohne Fett bei mittlerer Hitze goldbraun rösten.
6. Kohlrabi-Apfel-Carpaccio mit der Vinaigrette beträufeln und mit gerösteten Kernen garnieren.

Gebratener Blumenkohlreis MIT EI UND KORIANDER

Zutaten für 2 Personen

½ BLUMENKOHL
2 EL KOKOSÖL
1 TL KURKUMA
1 GEMÜSEZWIEBEL
2 GROẞE KAROTTEN
1 KLEINE KNOBLAUCHZEHE
SALZ, PFEFFER
2 EL CASHEWKERNE
½ BUND KORIANDER*
3 EIER

* KORIANDER ENTHÄLT EISEN, MAGNESIUM UND MANGAN SOWIE ANTIBAKTERIELLE WIRKSTOFFE.

Zubereitung

1. Backofen auf 180 Grad Umluft vorheizen.
2. Blumenkohlröschen abschneiden, waschen und in der Küchenmaschine auf Reisgröße klein häckseln.
3. Kokosöl in der Pfanne erhitzen. Kurkuma einrühren und die Mischung über den Blumenkohlreis geben. Salz zufügen und alles gut miteinander vermengen.
4. Die Masse auf einem mit Backpapier ausgelegten Backblech verteilen und circa 15 Minuten im Backofen rösten. Zwischendurch einmal umrühren.
5. Zwiebel, Karotten und Knoblauch schälen und fein würfeln. In der Pfanne in heißem Kokosöl andünsten, sodass die Karotten noch Biss haben. Salzen und pfeffern.
6. Cashewkerne grob hacken. Koriander waschen, trocken schütteln, Blätter abzupfen.
7. Eier verquirlen, salzen und pfeffern. Etwas Kokosöl in der Pfanne erhitzen, Eimasse hineingeben und bei kleiner Hitze stocken lassen. Zwischendurch vorsichtig mit einem Holzkochlöffel am Boden entlang rühren, bis die Eimasse eine cremige Konsistenz hat.
8. Blumenkohlreis aus dem Backofen nehmen. In eine Auflaufform geben und mit Karottengemüse und dem Rührei vermengen. Eventuell nachpfeffern und nachsalzen. Mit Koriander und Cashews garnieren.

Blumenkohlcurry MIT KRABBEN UND MANDELN

Zutaten für 2 Personen

½ BLUMENKOHL
3 EL KOKOSÖL
2 TL CURRYPULVER ODER TANDOORI MASALA
1 GEMÜSEZWIEBEL
1 KLEINE KNOBLAUCHZEHE
2 GROẞE KAROTTEN
2 FRÜHLINGZWIEBELN
½ BUND KORIANDER
100 GR. NORDSEEKRABBEN
2 EL GEHACKTE MANDELN

Zubereitung

1. Backofen auf 180 Grad Umluft vorheizen.
2. Blumenkohl waschen, die Röschen abschneiden, trocknen und mit der Küchenmaschine auf Reisgröße kleinhäckseln.
3. 1 EL Kokosöl in der Pfanne erhitzen, mit 1 TL Currypulver oder Tandoori Masala verrühren.
4. Das gewürzte Öl mit dem Blumenkohlreis vermengen. Die Mischung auf einem mit Backpapier ausgelegten Backblech verteilen und circa 15 Minuten im Ofen rösten. Immer wieder umrühren. Das Gemüse sollte bissfest bleiben.
5. Zwiebel, Knoblauch und Karotten schälen und fein würfeln.
6. Frühlingszwiebeln waschen und in feine Ringe schneiden.
7. In einer Pfanne etwas Kokosöl erhitzen. Zwiebeln, Knoblauch, Karotten und Frühlingszwiebeln darin andünsten. Die Karotten sollten bissfest bleiben. Pfeffern und salzen.
8. Koriander waschen, trocken schütteln, Blätter abzupfen.
9. Krabben unter warmem Wasser abbrausen und abtrocknen. Etwas Kokosöl in der Pfanne erhitzen, Krabben dazugeben, mit 1 TL Currypulver bestreuen und knusprig braten.
10. Blumenkohlreis in einer Servierschüssel mit dem Pfannengemüse und den Krabben vermengen. Eventuell nachsalzen und -pfeffern. Mit Koriander und Mandeln garnieren.

Schnelle GAZPACHO

Zutaten für 2 Personen

400 GR. VOLLREIFE TOMATEN
½ GEMÜSEZWIEBEL
1 KNOBLAUCHZEHE
1 SALATGURKE
3 GETROCKNETE TOMATEN
1 ROTE PAPRIKASCHOTE
1 EL OLIVENÖL
SALZ, CHILIPULVER
FRISCHER BASILIKUM ZUM GARNIEREN

Zubereitung

1. Die Tomaten kreuzweise einritzen, mit kochendem Wasser übergießen, kalt abschrecken und häuten. Anschließend halbieren, entkernen und Stielansätze entfernen.
2. Zwiebel und Knoblauch schälen und fein würfeln.
3. Gurke schälen, längs halbieren und entkernen. Getrocknete Tomaten in Stücke schneiden.
4. Paprika waschen, entkernen, eine Hälfte fein würfeln und zum Garnieren beiseitelegen. Die zweite Paprikahälfte und die Gurke grob würfeln. Das Gemüse im Küchenmixer pürieren. Bei Bedarf noch etwas Wasser dazugeben.
5. Das Olivenöl untermixen und den Gazpacho mit Salz und Chilipulver abschmecken.
6. Die Suppe in Bügelgläser verteilen und vor dem Servieren mindestens 30 Minuten abgedeckt kühl stellen. Zum Anrichten mit Paprikawürfeln und frischem Basilikum bestreuen.

Falls die Suppe zu dickflüssig ist, Wasser dazugießen, bis sie die gewünschte Konsistenz hat.

MÖHRENSUPPE MIT *Bacon und Tandoori-Cashews*

Zutaten für 2 Personen

200 GR. MÖHREN
150 GR. SÜẞKARTOFFELN
½ ZWIEBEL
1 EL ÖL
500 ML GEMÜSEBRÜHE
2 STÜCK BACON
1 EL WEIDENBUTTER ODER GHEE
25 ML KOKOSMILCH
SALZ, PFEFFER
2 EL TANDOORI-CHILI-HONIG-CASHEWS (SIEHE REZEPT AUF SEITE 129)

Zubereitung

1. Möhren und Süßkartoffeln schälen, waschen und in Würfel schneiden.
2. Zwiebel schälen und würfeln.
3. Öl in einem Topf erhitzen. Möhren und Süßkartoffeln darin andünsten. Gemüsebrühe dazugießen und circa 15 bis 20 Minuten kochen lassen.
4. Bacon in kleine Würfel schneiden. In einer Pfanne Butter zerlassen, Baconwürfel darin knusprig braten.
5. Suppe pürieren. Kokosmilch einrühren. Mit Salz und Pfeffer abschmecken.
6. Die Suppe in Einmachgläser füllen. Zum Servieren mit Tandoori-Chili-Honig-Cashews und Baconwürfeln garnieren.

Paprika-Tomaten-SUPPE

Zutaten für 2 Personen

1 ZWIEBEL
1 KNOBLAUCHZEHE
1 ROTE PAPRIKA
2 ORANGE ODER
GELBE PAPRIKA
5 TOMATEN
1 EL ÖL
½ EL TOMATENMARK
250 ML GEMÜSEBRÜHE
1 EL HONIG
½ BUND BASILIKUM
SALZ, PFEFFER
1 TL PAPRIKAPULVER
1 PRISE RAUCHPAPRIKAPULVER
½ TL HARISSA-GEWÜRZ

Zubereitung

1. Zwiebel und Knoblauch schälen und fein würfeln.
2. Paprika waschen, halbieren, entkernen und in Würfel schneiden.
3. Tomaten waschen, halbieren und ebenfalls würfeln.
4. In einer Pfanne Knoblauch und Zwiebel in Öl glasig dünsten. Paprika darin anbraten.
5. Tomatenmark unterrühren. Tomaten und Gemüsebrühe dazugeben und das Ganze 15 bis 20 Minuten lang köcheln lassen.
6. Honig unterrühren. Basilikum waschen, grob hacken und dazugeben. Die Suppe mit dem Stabmixer pürieren und mit Salz, Pfeffer, Paprikapulver und Harissa abschmecken.

KAROTTENSUPPE MIT Krabben-Topping

Zutaten für 2 Personen

1 KLEINE ZWIEBEL
1 STÜCK INGWER (15 GR.)
400 GR. KAROTTEN
½ EL WEIDENBUTTER
ODER GHEE
½ TL CURRYPULVER
½ TL KURKUMA
500 ML GEMÜSEBRÜHE
75 ML KOKOSMILCH
SALZ, PFEFFER, CURRYPULVER
½ BUND SCHNITTLAUCH
100 GR. NORDSEEKRABBEN

Zubereitung

1. Zwiebel und Ingwer schälen und fein würfeln.
2. Karotten schälen, waschen und in mittelgroße Würfel schneiden.
3. Butter in einem Topf erhitzen, Zwiebeln darin glasig dünsten und mit Curry und Kurkuma bestreuen. Karotten darin anbraten.
4. Ingwer dazugeben. Mit Gemüsebrühe ablöschen und circa 15 bis 20 Minuten köcheln lassen.
5. Suppe mit einem Mixstab pürieren. Kokosmilch einrühren und mit Salz, Pfeffer und Curry abschmecken.
6. Schnittlauch waschen und in Ringe schneiden.
7. Krabben waschen und trocken tupfen. Krabbenfleisch in die Suppe geben und noch einmal kurz mitköcheln.
8. Suppe in Einmachgläser füllen und mit Schnittlauch garnieren.

BROKKOLISUPPE
mit Mandelblättchen

Zutaten für 2 Personen

250 GR. BROKKOLI
1 KLEINE ZWIEBEL
1EL ÖL
500 ML GEMÜSEBRÜHE
3 EL MANDELBLÄTTCHEN
3 STIELE FRISCHES BASILIKUM
75 ML KOKOSMILCH
SALZ, PFEFFER
1 PRISE MUSKATNUSS

Zubereitung

1. Brokkoli in Röschen teilen, waschen, trocknen. Den Stiel schälen und in kleine Würfel schneiden.
2. Zwiebel schälen und fein würfeln.
3. Öl in einem großen Topf erhitzen, Zwiebel und Brokkoli darin andünsten. Gemüsebrühe hinzugeben und das Ganze circa 15 bis 20 Minuten köcheln lassen.
4. Mandelblättchen in einer Pfanne ohne Fett goldbraun rösten.
5. Basilikum waschen, trocken schütteln, Blätter abzupfen.
6. Suppe pürieren. Kokosmilch einrühren. Mit Salz, Pfeffer und Muskatnuss abschmecken.
7. Die Suppe in Einmachgläser füllen. Mit Basilikum und Mandelblättchen garnieren.

Fruchtige KAROTTEN-APFEL-SUPPE

Zutaten für 2 Personen

400 GR. KAROTTEN
2 SCHALOTTEN
1 EL ÖL
500 ML SELBST GEMACHTE HÜHNERBRÜHE (SIEHE REZEPT AUF SEITE 39)
2 EL HASELNÜSSE
3 GROẞE SÄUERLICHE ÄPFEL
½ EL ZITRONENSAFT
SALZ, PFEFFER

Zubereitung

1. Karotten schälen, waschen und in mittelgroße Stücke schneiden.
2. Schalotten schälen und würfeln.
3. Öl in einem Topf erhitzen. Schalotten darin glasig dünsten, Karotten hinzugeben und mit andünsten. Mit Hühnerbrühe ablöschen. Bei mittlerer Hitze 15 bis 20 Minuten köcheln lassen, bis die Karotten weich sind.
4. Haselnüsse grob hacken, in einer Pfanne bei niedriger Hitze ohne Fett goldbraun rösten. Beiseitestellen.
5. Äpfel waschen, vierteln, entkernen und in kleine Stückchen schneiden. 2 EL Apfelstückchen mit Zitronensaft beträufeln und ebenfalls zum Garnieren beiseitestellen, den Rest kurz in der Suppe mitkochen lassen.
6. Die Suppe pürieren und mit Salz und Pfeffer abschmecken.
7. Suppe in Einmachgläser füllen. Zum Servieren mit Apfelstückchen und gerösteten Haselnüssen bestreuen.

Lunchtime

PASTINAKENSUPPE MIT Kürbiskern-Topping

Zutaten für 2 Personen

150 GR. PASTINAKEN
150 GR. SÜẞKARTOFFELN
1 ZWIEBEL
2 EL OLIVENÖL
300 ML GEMÜSEBRÜHE
200 ML KOKOSMILCH
SALZ, PFEFFER
CHILIFLOCKEN
1 PRISE MUSKATNUSS
½ BUND GLATTE PETERSILIE
2 EL SCHARFE KÜRBISKERNE (SIEHE REZEPT AUF SEITE 127)

Zubereitung

1. Pastinaken, Süßkartoffeln und Zwiebel schälen und in Würfel schneiden.
2. Öl in einen Topf erhitzen. Pastinaken-, Süßkartoffel- und Zwiebelwürfel darin anbraten. Mit Gemüsebrühe ablöschen und bei mittlerer Hitze circa 15 Minuten kochen lassen.
3. Suppe pürieren, Kokosmilch unterrühren und noch einmal 5 Minuten bei niedriger Hitze kochen lassen.
4. Mit Salz, Pfeffer, Chili und Muskatnuss abschmecken.
5. Petersilie waschen und fein hacken.
6. Suppe in Einmachgläser füllen. Zum Servieren mit Petersilie und scharfen Kürbiskernen garnieren.

Paleo-SNACKS

SCHARFE KOCHBANANENCHIPS	121
ROSMARIN-CRACKER MIT SESAM	123
KOKOS-SCHOKO-CRACKER	125
SCHARFE KÜRBISKERNE	127
TANDOORI-CHILI-HONIG-CASHEWS	129
FRUCHT-KOKOS-BALLS	131
SCHOKO-BALLS	133
APRIKOSEN-BALLS	135
PALEO-NUSSRIEGEL	137
PALEO-GREENIES	139
SÜßE PFLAUMENMUFFINS	141

Scharfe KOCHBANANENCHIPS

Zutaten

2 GROßE KOCHBANANEN
1-2 EL KOKOSÖL
½ TL SALZ
½ TL HARISSA
½ TL PAPRIKAPULVER
1 PRISE CHILIPULVER

Zubereitung

1. Den Backofen auf 180 Grad Umluft vorheizen.
2. Die Kochbananen schälen, in feine Scheiben schneiden und in eine Schüssel geben.
3. Kokosöl in der Pfanne erhitzen.
4. Die Kochbananenscheiben mit Salz, Harissa, Paprika- und Chilipulver würzen. Kokosöl darübergeben. Alle Zutaten miteinander vermengen, bis die Bananenscheiben komplett mit dem Kokosöl bedeckt sind.
5. Die Bananen auf einem mit Backpapier ausgelegten Backblech verteilen und für circa 10-15 Minuten knusprig backen, zwischendurch umschichten. Vor dem Verzehr abkühlen lassen.

ROSMARIN-CRACKER MIT *Sesam*

Zutaten

100 GR. GEMAHLENE MANDELN
100 GR. TEFFMEHL
25 GR. SESAM
2 TL ROSMARIN
1 TL SALZ
2 TL OLIVENÖL
8 EL WASSER

Zubereitung

1. Backofen auf 175 Grad Umluft vorheizen.
2. Alle Zutaten in einer Schüssel miteinander vermengen und zu einem Teig verkneten.
3. Den Teig auf ein Backpapier legen, mit einem zweiten Backpapier abdecken, dünn ausrollen und in kleine Quadrate schneiden.
4. Die Cracker circa 8 bis 10 Minuten im Ofen backen, bis sie leicht braun sind.

Kokos-Schoko-CRACKER

Zutaten

2-3 TL KOKOSFETT
1,5 EL HONIG
100 GR. GEMAHLENE MANDELN
100 GR. KOKOSRASPEL
2 EL KAKAOPULVER (ROH)
1 PRISE SALZ

Zubereitung

1. Backofen auf 175 Grad Umluft vorheizen.
2. Kokosfett zusammen mit dem Honig in der Pfanne langsam erhitzen.
3. Alle Zutaten in einer Schüssel miteinander vermengen und zu einem Teig verkneten.
4. Den Teig auf ein Backpapier legen, mit einem zweiten Backpapier abdecken, dünn ausrollen und in kleine Quadrate schneiden.
5. Die Cracker circa 8 bis 10 Minuten im Ofen backen, bis sie leicht braun sind.

Geben Sie scharfe Kürbiskerne als Topping über Salat oder Suppen.

Scharfe KÜRBISKERNE

Zutaten

200 GR. KÜRBISKERNE
3 EL OLIVENÖL
½ TL MEERSALZ
½ TL CHILI
½ TL PAPRIKAPULVER

Zubereitung

1. Backofen auf 200 Grad Umluft vorheizen.
2. Alle Zutaten in eine verschließbare Dose geben. Das geschlossene Behältnis vorsichtig durchschütteln.
3. Die Kürbiskerne auf einem mit Backpapier ausgelegten Backblech verteilen und auf mittlerer Schiene circa 10 Minuten backen.

Tandoori-Chili-Honig-CASHEWS

Zutaten

200 GR. CASHEWKERNE
PRISE MEERSALZ
½ TL CHILIFLOCKEN
½ TL KURKUMA
1 TL TANDOORI MASALA ODER CURRYPULVER
2 EL OLIVENÖL
1 TL HONIG

Zubereitung

1. Backofen auf 200 Grad Umluft vorheizen.
2. Alle Zutaten bis auf das Olivenöl und den Honig in eine verschließbare Dose geben. Das geschlossene Behältnis vorsichtig durchschütteln.
3. Olivenöl zugeben und die Zutaten erneut behutsam durchschütteln.
4. Die gewürzten Cashewkerne auf einem mit Backpapier ausgelegten Backblech verteilen und mit Honig beträufeln.
5. Auf mittlerer Schiene circa 7 bis 10 Minuten backen. Zwischendurch mit einem Holzlöffel wenden.

Frucht-Kokos-BALLS

Zutaten für circa 12 Stück

10 GETROCKNETE PFLAUMEN
1 EL GEMAHLENE MANDELN
1 EL KOKOSRASPEL
½ TL ZIMT
2 EL GEHACKTE MANDELN

Zubereitung

1. Pflaumen in grobe Stücke schneiden, zusammen mit etwas Wasser im Mixer zu einem Brei verarbeiten.
2. Den Pflaumenbrei in einer Schüssel mit gemahlenen Mandeln, Kokosraspeln und Zimt verrühren.
3. Je 1 TL von der Pflaumen-Mandel-Zimt-Masse zu einer Kugel rollen.
4. Die Kugeln in gehackten Mandeln wälzen, bis sie rundherum damit bedeckt sind.

Kugeln vor dem Verzehr ein paar Stunden lang im Kühlschrank kalt stellen. Im geschlossenen Behälter sind die Schoko-Balls bis zu 4 Tage im Kühlschrank haltbar.

Schoko-BALLS

Zutaten für circa 12 Stück

8 ENTKERNTE MEDJOOL-DATTELN
50 GR. PEKANNÜSSE
4-5 TL KAKAOPULVER (ROH)
1 TL KOKOSÖL
1 TL KAKAO-NIBS

Zubereitung

1. Datteln in grobe Stücke schneiden.
2. Pekannüsse, 2 TL Kakaopulver, Kokosöl, Kakao-Nibs und Dattelstücke in der Küchenmaschine zu einer gleichmäßigen Masse verarbeiten.
3. Je 1 TL von der Pekannuss-Kakao-Dattel-Masse zu einer Kugel formen.
4. Die Schoko-Balls im übrigen Kakaopulver wälzen, bis sie rundherum damit bedeckt sind.

Aprikosen-BALLS

Zutaten für circa 12 Stück

10 GETROCKNETE APRIKOSEN
75 GR. PEKANNÜSSE
50 GR. KOKOSRASPEL
1 EL LIMETTENSAFT
½ TL INGWERPULVER
2 EL KOKOSRASPEL ZUM WÄLZEN

Zubereitung

1. Aprikosen und Pekannüsse klein hacken, zusammen mit Kokosraspeln, Limettensaft und Ingwerpulver in der Küchenmaschine zu einer gleichmäßigen Masse verarbeiten. Sollte sie zu sehr kleben, mehr Kokosraspel hinzugeben.
2. Je 1 TL von der Aprikosen-Kokos-Pekannuss-Masse zu einer Kugel rollen.
3. Die Aprikosen-Balls in Kokosraspeln wälzen, bis sie rundherum damit bedeckt sind.

Paleo-NUSSRIEGEL

Zutaten

200 GR. MANDELN
200 GR. CASHEWKERNE
2 EL SESAM
75 GR. KOKOSZUCKER
25 GR. KOKOSFETT
1 EL HONIG

Zubereitung

1. Backofen auf 180 Grad Ober-/Unterhitze vorheizen.
2. Mandeln, Cashewkerne, Sesam und Kokoszucker in einer Schüssel miteinander verrühren.
3. Kokosfett in einer Pfanne erhitzen, Honig darin verrühren.
4. Das geschmolzene süße Kokosfett sorgfältig mit der Nuss-Sesam-Mischung vermengen.
5. Eine kleine Backform mit hohem Rand (28,5 cm x 23,0 cm x 4 cm) mit Backpapier auslegen. Die Nuss-Sesam-Mischung gleichmäßig darauf verteilen und für circa 15 bis 20 Minuten im Ofen backen.
6. Abkühlen lassen und in Riegel schneiden.

Paleo-GREENIES

Zutaten für 1 kleines Backblech

ETWAS KOKOSÖL
ZUM EINFETTEN
1 EL WEINSTEINBACKPULVER
2 EL KOKOSMEHL
100 GR. GEMAHLENE MANDELN
1 REIFE AVOCADO
2 EIER
2 EL ZITRONENSAFT
100 GR. HONIG
1 TL GEMAHLENE VANILLE
100 ML KOKOSÖL
30 GR. PISTAZIENKERNE

Zubereitung

1. Für die Paleo-Greenies den Backofen auf 180 Grad Ober-/Unterhitze vorheizen.
2. Eine Backform mit Kokosöl einfetten.
3. Backpulver und Kokosmehl in eine Schüssel sieben, miteinander vermengen. Gemahlene Mandeln dazugeben und alles miteinander vermischen.
4. Die Avocado halbieren, den Kern entfernen und das Fruchtfleisch herauslöffeln. In einer Schüssel Avocadofruchtfleisch mit einer Gabel zerdrücken.
5. Eier, Zitronensaft, Honig, Vanille und Kokosöl dazugeben und alles sorgfältig miteinander verrühren.
6. Die Masse mit dem Mehlgemisch zu einem glatten Teig verrühren.
7. Zuletzt die Pistazienkerne mit einem Löffel unterheben.
8. Die Greenies-Masse in die gefettete Form füllen und im Ofen auf mittlerer Schiene circa 25 bis 30 Minuten backen.

Süße PFLAUMENMUFFINS

Zutaten für 8 bis 10 Muffins

5 GETROCKNETE PFLAUMEN
1 REIFE BANANE
200 GR. GEMAHLENE MANDELN
1 TL WEINSTEINBACKPULVER
40 GR. WEIDENBUTTER ODER KOKOSFETT
1 TL ZIMT
2 EL GEHACKTE MANDELN

Zubereitung

1. Backofen auf 175 Grad Umluft vorheizen.
2. Getrocknete Pflaumen in eine kleine Tasse geben, mit Wasser bedecken und kurz einweichen lassen.
3. Banane mit einer Gabel zerdrücken.
4. Pflaumenwasser abgießen und die Pflaumen mit einem Stabmixer pürieren.
5. Alle Zutaten bis auf die gehackten Mandeln sorgfältig miteinander verrühren.
6. Den Teig in Muffinförmchen verteilen und mit gehackten Mandeln bestreuen.
7. Die Muffins circa 15 bis 20 Minuten lang im Ofen backen. Nach circa 15 Minuten mit einem Zahnstocher testen, ob der Teig schon durchgebacken ist.

Pflücke den Tag

DETOX- UND
Powerdrinks

MORNING-ENERGY-COFFEE	145
KURKUMA-KOKOS-POWERSHAKE	147
BANANEN-COFFEESHAKE	149
ESPRESSO-AVOCADO-SMOOTHIE	151
GURKEN-ZITRONEN-MINZWASSER	153
HIMBEER-LIMETTEN-MINZWASSER	155
HEIDELBEER-ZITRONENWASSER	157

Als Frühstück nur den Kaffee trinken: Der Energielevel bleibt erhöht, die Konzentration wird gesteigert und das Sättigungsgefühl hält lange an.

Morning-Energy-
COFFEE

Zutaten für 2 Personen

1 TL BUTTER VON GRAS-GEFÜTTERTEN TIEREN ODER GHEE
1-2 TL KOKOSÖL ODER MCT-ÖL
250 ML FRISCHER HEIẞER BIO-KAFFEE
½ TL GEMAHLENE VANILLE ODER ZIMT
NACH WUNSCH 1 TL HONIG

Zubereitung

1. Butter und Kokosöl in einer Pfanne erhitzen.
2. Alle Zutaten in einen Hochleistungsmixer geben und so lange mixen, bis der Kaffee eine cremige Konsistenz erreicht hat. Falls kein Mixer vorhanden ist, den Energy-Coffee mit dem Stabmixer oder Milchaufschäumer cremig rühren.
3. Kaffee in zwei Tassen gießen.

Durch den Pfeffer wird Kurkuma besser im Körper aufgenommen.

Kurkuma-Kokos-POWERSHAKE

Zutaten für ein Glas

1 BANANE
1 STÜCK (10 GR.) INGWER
½ TL KOKOSÖL ODER MCT-ÖL
1 TL KURKUMA
60 ML KOKOSMILCH
1 PRISE VANILLE
1 PRISE PFEFFER
1 TL HONIG
5 EISWÜRFEL

Zubereitung

1. Banane schälen und in grobe Stücke schneiden.
2. Ingwer schälen und ebenfalls in grobe Stücke schneiden.
3. Kokosöl in einer Pfanne kurz erwärmen.
4. Alle Zutaten bis auf die Eiswürfel in einem Mixer kurz durchpürieren. In ein Glas füllen und umrühren.
5. Für einen eiskalten Shake eine Handvoll Eiswürfel in den Mixer geben und nochmals durchmixen. Eine weitere Handvoll Eiswürfel in das Glas geben und mit dem Shake aufgießen.

Bananen-
COFFEESHAKE

Zutaten

1 BANANE
200 ML KALTER KAFFEE
ODER 2 ESPRESSO
200 ML KOKOSMILCH
½ TL ZIMT
1 EL HONIG
5 EISWÜRFEL

Zubereitung

1. Banane schälen und in Stücke schneiden.
2. Alle Zutaten in einen Mixer geben und so lange mixen, bis die Masse schön cremig ist.

Espresso-Avocado-
SMOOTHIE

Zutaten für 2 Personen

1 REIFE AVOCADO
2 KALTE ESPRESSO
200 ML MANDELMILCH
1 TL GEMAHLENE VANILLE ODER ZIMT
1 EL HONIG
5 EISWÜRFEL

Zubereitung

1. Avocado halbieren, den Kern entfernen und das Fruchtfleisch herauslöffeln.
2. Alle Zutaten in einem Hochleistungsmixer circa 1 Minute lang auf höchster Stufe pürieren, bis der Smoothie eine cremige Konsistenz hat.
3. Espresso-Avocado-Smoothie in Gläser füllen.

Paleo-Drink am Abend vorher vorbereiten. Je länger die Zutaten im Wasser sind, desto intensiver der Geschmack! Am nächsten Tag in eine Flasche füllen und mitnehmen.

Gurken-Zitronen-MINZWASSER

Zutaten

½ BUND MINZE
1 BIO-ZITRONE
½ LANDGURKE*
1 L GEFILTERTES WASSER

Zubereitung

1. Minze waschen und Blätter abzupfen.
2. Bio-Zitrone und Gurke heiß abwaschen, trocknen und in Scheiben schneiden.
3. Minzblätter, Gurken- und Zitronenscheiben in eine Karaffe geben, mit gefiltertem Wasser auffüllen und in den Kühlschrank stellen.

* GURKE WIRKT ENTZÜNDUNGSHEMMEND, ZITRONE LEITET GIFTSTOFFE AUS DEM KÖRPER.

Himbeer-Limetten-
MINZWASSER

Zutaten

½ BUND MINZE*
2-3 LIMETTEN
50 GR. HIMBEEREN
1 L GEFILTERTES WASSER
EISWÜRFEL

Zubereitung

1. Minze waschen. Minzblätter abzupfen und kurz im Mörser zerstoßen, damit die Aromastoffe freigesetzt werden.
2. Limetten mit heißem Wasser abbrausen, trocknen und vierteln.
3. Himbeeren kurz mit heißem Wasser übergießen.
4. Eine Karaffe mit gefiltertem Wasser füllen.
5. Limetten über der Karaffe ausquetschen.
6. Alle Zutaten in die Karaffe geben. Kühl stellen.

* PFEFFERMINZE WIRKT BERUHIGEND AUF DAS VERDAUUNGSSYSTEM UND LINDERT MAGEN-VERSTIMMUNGEN.

Quality -
20

Heidelbeer-
ZITRONENWASSER

Zutaten

1 BIO-ZITRONE
100 GR. HEIDELBEEREN*
1 L GEFILTERTES WASSER

Zubereitung

1. Bio-Zitrone heiß abwaschen, trocknen und in Scheiben schneiden.
2. Heidelbeeren heiß abwaschen und zusammen mit den Zitronenscheiben in eine Karaffe geben.
3. Karaffe mit gefiltertem Wasser auffüllen und in den Kühlschrank stellen.

* HEIDELBEEREN ENTHALTEN NEBEN VITAMIN C UND VITAMIN E AUCH ENTZÜNDUNGSHEMMENDE TANNINE.

PALEO ONLINE BESTELLEN

Die hier aufgeführten Produkte und den Onlineshop habe ich selbst getestet und kann diese empfehlen.

PALEO-SNACKS TO GO

Wirsingchips

Leckere natürliche Chips gibt es bei Heimatgut. Die Wirsingchips werden ohne Zusatzstoffe mit frischen Zutaten aus nachhaltigem Anbau hergestellt.
http://www.heimat-gut.de

Bio-Kraftriegel

Handgemachte Bio-Kraftriegel für unterwegs bekommt man bei Die Kraft des Urstromtals. Sie sind frei von Konservierungsstoffen, Zucker oder sonstigen industriellen Zusätzen.
http://kraft-des-urstromtals.de

Paleo-Proteinriegel

Paleo-Proteinriegel gibt es bei The Primal Pantry. Sie werden aus 100 Prozent natürlichen Zutaten hergestellt, sind glutenfrei, getreidefrei, sojafrei und ohne Pflanzenöle.
http://www.primalpantry.de

Paleo Jerky

Einen leckeren, gesunden Powersnack mit besonders viel Protein gibt es bei Paleo Jerky. Er ist ohne Zuckerzusatz, Low Carb, kalorienarm und aus 100 Prozent grasgefüttertem Rind.
https://www.paleojerky.de

Fairment Kombucha

Das fermentierte, vitalisierende Teegetränk wird von Fairment, der ersten Bio- und Raw-Kombucha-Brauerei von Hand und mit viel Liebe zum Detail hergestellt und abgefüllt.
http://fairment.de

Brownies, Pralinen und Schokoladen

Leckere Brownies, Pralinen und Schokoladen werden von Gleem liebevoll von Hand hergestellt. Sie sind zucker-, gluten-, laktose-, milch- und eifrei. Der verwendete Honig stammt aus nachhaltiger und bienenfreundlicher Imkerei.
http://www.gleem.de

PALEO-KÜCHE LEICHT GEMACHT

Gewürze & Gewürzmischungen

Die Gewürze von Just Spices stammen aus sorgfältig ausgewählten Anbaugebieten und entsprechen höchsten Qualitätsanforderungen. Sie besitzen ein herrliches natürliches Aroma und sind frei von Zusatzstoffen und Geschmacksverstärkern.
https://www.justspices.de

Energy-Booster

Das MCT-Öl von Primal State hat einen natürlichen Ursprung, es wird aus der Kokosnuss gewonnen, regt den Stoffwechsel an, liefert schnelle Energie und ist besonders wertvoll für den Körper. Es eignet sich für den Bulletproof Coffee, Smoothies oder zum Backen.
http://primal-state.de

Bio-Kokosdelikatessen

Bei Tropicai erhält man hochwertige Kokosspezialitäten aus biologischem Anbau und fairem Handel. Vom kalt gepressten Kokosöl und Kokosblütenzucker über das preisgekrönte Kokoswasser bis hin zu mit Kokosblütenzucker karamellisierten Kokoschips.
http://www.tropicai.com

Glutenfreie Mehle

Das Bestreben von Hanneforth ist es, Produkte mit „ehrlichem" Geschmack und hohem Genusswert herzustellen. Die Produktpalette reicht von glutenfreien Mehlen, Broten, Backzutaten bis hin zu fertigen Backmischungen.
http://www.hanneforth.de

Paleo-Onlineshop

Die Kleine Steinzeit ist mit über 300 Produkten Deutschlands größter Paleo-Onlineshop und eine gute Hilfe, um den Paleo-Lifestyle einfacher und bequemer umzusetzen.
http://www.kleine-steinzeit.de

Superfood Knochenbrühe

Brox stellt Knochenbrühe wie zu Omas Zeiten her. Hierfür werden nur Knochen von Weiderindern sowie Gemüse und Kräuter in Bio-Qualität verwendet und 18 Stunden lang in Quellwasser eingekocht. Ein wahres Superfood, voll mit Nährstoffen und Kollagenen.
http://www.bonebrox.de